ヨーロッパの観光地誌

ベルギーのブルッヘでは城壁に囲まれた歴史地区が世界文化遺産に指定されており，建造物などにみられる中世都市の面影は都市観光の主要な資源になっている。
（2012年8月菊地俊夫撮影）

ブルッヘ郊外ではサイクリング道と散策道，および船で移動するための水路が整備され，農村観光が誰でも簡単に楽しめるようになっている。
（2012年8月菊地俊夫撮影）

ブルッヘ郊外に点在する森林は生物多様性を維持するために保全されているが，人々の余暇やレクリエーションの空間としても保全されている。
（2012年8月菊地俊夫撮影）

北アメリカの観光地誌

カナダ東部のケベックではフランス風の街並みが保全され，カフェなどの飲食店が立ち並ぶことにより都市観光が発達した。
(2018年8月菊地俊夫撮影)

ケベック近郊農村では，チーズなどの農産物直売所が多く立地し，農村を訪れる観光者に新鮮で安全・安心な食材を提供している。
(2018年8月菊地俊夫撮影)

カナダ・ロッキー山脈のバンフでは，氷河地形など豊かで壮大な自然景観を基盤にして自然ツーリズムが発達している。
(2016年7月菊地俊夫撮影)

オーストラリアの観光地誌

オーストラリア西海岸のフリーマ
ントルでは伝統的な都市景観や市
場施設が残され，それらが都市観
光の重要な資源となっている。
（2019年12月菊地俊夫撮影）

オーストラリア西海岸のスワンヴ
ァレーでは温暖少雨の気候を活か
した醸造用のブドウが栽培され，
ワインツーリズムの発展を促して
いる。
（2019年12月菊地俊夫撮影）

オーストラリア西海岸のロットネ
スト島では野生動物のクオッカの
生息地が保全されることにより，
自然ツーリズムが発展している。
（2019年12月菊地俊夫撮影）

日本の観光地誌

原宿の竹下通りは都市観光地として魅力的な店舗が立ち並ぶとともに，そこでのファッションや流行が世界中に発信されている。
（2019年5月菊地俊夫撮影）

東京大都市近郊の横浜市寺家地区では里山と谷地田が伝統的な農村景観として保全され，それらは農村観光の重要な資源になっている。
（2008年7月菊地俊夫撮影）

東京西郊の高尾山は自然豊かで，都心から約1時間の距離にあるため，都市住民の余暇やレクリエーションのための自然空間になっている。
（2016年7月菊地俊夫撮影）

観光地誌学

観光から地域を読み解く

飯塚　遼・菊地俊夫　著

二宮書店

はじめに

　世界ではヒト・モノ・カネの流動の活発化と広域化により，グローバル化が急速に拡大している。さらに，情報技術の発展はそのような流動の変化を世界という枠組みを超えてバーチャル空間にまで広げている。地球上のどこにいても人々は繋がり合い，同様の基準の商品やサービスを享受する。それは便利で効率的な生活を私たちに与えてくれるものである一方，伝統的な生活文化や産業構造，景観など地域の持つ特質を変容させ，マクドナルド化などといわれるように画一化を進行させている。地域の特色や個性が希薄になっていく時代であるからこそ，地域の特色や個性といったものが再評価され，それらにもとづく地域の多様性への理解がさまざまな分野において重要になっている。そのような地域の特色や個性を捉える学問分野として地理学が存在しているわけであるが，なかでも地理的条件から複合的に地域構造を把握し，地域性を描き出す地誌学の有用性は大きくなっていると言えるだろう。

　観光学の書籍では，「観光」の語源が古代中国の経典である五経の一つ『易経』の「観国之光，利用賓于王（国の光を観る，用て王に賓たるに利し）」にあるとする記述がしばしばみられる。そこで言われる「国の光」とは，その地域がもつ魅力のことである。さらに，魅力とは，その地域の歴史や文化，そして人々の営みや経済活動などから生ずる地域の個性である。つまり，観光とはその地域の個性をみることなのである。観光自体が，まさに地域の構成要素を捉えることから地域を描き出す地誌学に通ずる行為ということができよう。しかし，観光学や観光地理学の学術書において地誌学をベースに，あるいは地誌学と銘打って書かれたものは皆無に等しいのではないだろうか。そのような問いが本書を執筆する端緒となっ

た。地域の個性を総合的に捉える地誌学的な視点は，地理学のみならず観光学を学ぶ人にとってその基礎となる重要な視点である。そのような観点から，本書は観光という現象を通じて地域を捉える観光地誌学のテキストを目指した。そのため，観光学や地理学を専攻する大学生を読書対象としているが，大学院生や観光に携わる多くの人々にもぜひ手に取ってもらいたい。

　本書の構成は以下のようになっている。序章では，観光地誌学の視点と考え方について確認する。第1章以降は世界の具体的な事例を通じた地域別各論編でありIからIVの4部構成となっている。第I部（第1章～第6章）はヨーロッパの観光地誌，第II部（第7章～第9章）は北アメリカの観光地誌，第III部（第10章～第12章）はオセアニアの観光地誌，そして第IV部（第13章～第16章）は日本の観光地誌となっている。いずれの部においても，それぞれの地域の構成要素において大枠の分類となる都市，農村，自然というテーマから観光地誌を捉え，地域間の比較地誌の実践としても使用できるよう配慮した。そして終章では，各論を通じた観光地誌学のフレームワークとその応用可能性について議論した。

　世界の諸地域の観光地誌を本書は扱っているが，多様な地域を内包する全世界を網羅することはさすがにできなかった。しかし，観光地誌学の見方や考え方というツールは世界対応である。それらのツールを通じて世界のさまざまな地域の多様な特色や個性を見極め，地域の魅力を捉えてもらえれば筆者として望外の喜びである。

著者を代表して　　飯塚　遼

序章

観光地誌学のすすめ

1. はじめに

　地理学において，土地や場所の特徴を読み解く方法は大きく2つある。1つは，土地や場所で興味・関心のある「現象」や「事象」を取り上げ，その現象の秩序や法則性，あるいはその現象の因果関係や形成システムなどを通じて土地や場所の特徴を理解する方法である。これは，地形や気候，あるいは人口や農業など1つの特定なテーマを切り口にして，それに関する事象や現象を掘り下げて「地（ち）」の「理（ことわり）」を「学（まな）」ぶものであり，系統地理学の方法として知られている。もう1つの方法は，特定の現象・事象やテーマに興味をもつのでなく，空間を区画した土地や場所としての「地域」に興味をもつもので，地域を構成する自然や文化，および社会や経済などの諸要素を丁寧に記載し，それらの記載を総合的に検討して地域の性格を読み解くものである。これは，「地（ち）」を「誌（しる）」すことで土地や場所の性格を明らかにするもので，地域地理学や地誌学の方法として周知されている。

　このような地誌学の方法は地理学の王道であり，系統地理学とともに地域を理解するための両輪の1つであることは間違いない。さらに，地誌学には大きく3つの方法がある。第1は，地理的な位置や自然，歴史・文化，人口，産業・経済，社会などの項目にしたがって，地域の様子や様相を丹念に記録する方法で，静態地誌と呼ばれるものである。静態地誌は項目にしたがって丹念に記録するため，地域を網羅的に記載することができ，地域を知る資料として，あるいは地域に残すべき資料として重要な役割を果たしている。しかし，静態地誌の方法は，総花的であり，個々の項目が並列的に扱われるため，地域の特徴を見出しにくくし，地域を構成する諸要素（自然や歴史・文化，および社会や産業・経済など）の関連性の理解も難しくなっている。

　静態地誌の本質的な欠点を解決するために考案されたのが，第2の方法となる動態地誌である。動態地誌は，地域において特徴的な現象や事象（あるいは，興

味ある現象や事象)に焦点を当て，その現象・事象に基づいて地域を構成する諸要素を記載説明するものである。例えば，オーストラリアを動態地誌として扱う場合，興味ある現象として観光を選択すると，観光資源としてのオーストラリアの自然やアボリジニ文化，観光市場としてのオーストラリアの人口分布，オーストラリアの産業経済における観光産業の位置づけ，そして観光による世界各国との結びつきなどが説明され，それら観光との関わりを通じてオーストラリアの性格が議論される。このように，動態地誌は特定の現象を抽出して，それと関連づけて地域の構成要素を体系的に説明することができるという長所がある。しかし，動態地誌は地域を構成する要素を網羅的に説明することができないという短所をもっている。観光地誌学は「観光」や「ツーリズム」を切り口にして，それらと関連する要素に焦点を当てて地域を描くものであり，動態地誌の1つとして考えることができる。

　地誌の方法として，静態地誌を選ぶのか，動態地誌を選ぶのかは，どのような地域スケールで，地域の何を記載するのかにもよる。例えば，州・大陸規模のマクロスケール(ヨーロッパやオーストラリアなどのスケール)で地域の様相を記載する場合，さまざまな項目に基づいて地域の構成要素を網羅的に記録する静態地誌の方法が適しているかもしれない。それは，静態地誌が地域を大観できるためであり，地域のさまざまな情報を資料として把握できるためである。他方，市町村規模や集落規模のミクロスケールの場合，地域の網羅的な情報も重要であるが，地域の特徴的な要素が他の要素とどのように関連して存在しているかが伝えるべき重要な情報になる。ミクロスケールで地域のさまざまな情報や要素を網羅的に議論することは，対象となる地域の特徴をわかりづらいものにしてしまう。そのため，ミクロスケールでは地域の構成要素の相互関連性を議論する動態地誌が地域の性格を理解するのに適しているかもしれない。また，国や地方のようなメソスケール(イギリスや日本などのスケール)では，何を地域の情報として伝えるかによって，静態地誌ないしは動態地誌が選択される。本書ではメソスケールやミクロスケールの地域を対象にし，観光やツーリズムを切り口にして，地域の性格を地誌学として明らかにしている。

　地誌学の第3の方法は，比較地誌である。比較地誌は2つの地域を取り上げ，それらの地域を構成する要素や要素間の相互関係における類似性や対照性の視点から考察を加え，それぞれの地域の性格を明らかにする方法である。地域を比較

する枠組みは静態地誌であっても，動態地誌であっても構わない。重要なことは２つの地域を項目やそれらの広がり(空間スケール)など同じ尺度で比較することである。特に，比較する地域の空間スケールは重要である。州・大陸規模での地域比較であれば，ヨーロッパやオセアニア，あるいはオーストラリア大陸という空間スケールでの比較が望ましく，ヨーロッパとニュージーランド(国のスケール)の地域比較は望ましいものではない。

2. 観光地誌学の方法

　観光によって変化する地域を，あるいは観光現象が多く分布する地域を読み解く方法の１つとして観光地誌学があり，その基礎となる手法は伝統的な手法として知られている静態地誌である。静態地誌は，地域における特定の現象や事象に興味をもつのではなく，区画した土地や空間としての地域に興味をもつもので，地域を構成する自然や文化，および社会や経済などの諸要素を丁寧に記載し，それらの記載を総合的に検討して地域の性格や活用の仕方を読み解くものである。地域を記載し地域の性格を総合的に把握するためには，地域を構成する諸要素を位置(数理位置・関係位置)，自然(地形・気候・陸水・土壌・植生)，人口(人口属性・人口構成・人口分布・人口移動)，歴史(古代・中世・近世・近代・現代)，産業(農牧業・工業・商業・流通・交通・通信・観光)，生活文化(都市・村落・衣食住・言語)，他地域との関連に分け，その順序と項目にしたがって体系的・網羅的に整理する方法が一般的である(図序-1)。以上に述べた項目ごとに地域を調べて考察する方法は，多くの国別の世界地誌や百科事典で採用されているものである。このような方法は，地域を構成する要素を項目として漏れなく網羅的に調べることができ，地域が異なっても同じ項目で体系的に調べることができるため，地域の比較も容易にできる。しかし，地域を構成する要素が羅列的に説明されることや，地域を構成する要素間の相互関係に基づく性格や特徴が把握しにくいといった問題も指摘されている。

　地域を構成する要素を項目ごとに記載して地域の性格を明らかにする静態地誌の方法に代わって，特色ある地理的事象や地域の構成要素を中心にして，他の構成要素を関連づけながら地域の性格を考察する方法が求められている。この新しい方法が動態地誌と呼ばれるもので，そこには観光地誌学も含まれる。動態地誌

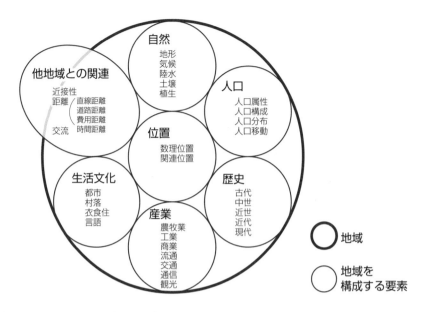

図 序-1　地域と地域を構成する諸要素

は従来の静態地誌の問題点であった総花的で羅列的な記載や分析的でない考察を
行うための，あるいはステレオタイプ的な説明を改善するためのフレームワーク
が構築されている。このフレームワークの基本は記載した要素を分析し，それぞ
れの相互関連性に基づいて地域の性格を体系化することにある。観光地域のよう
に特定の現象(観光)に基づく地域の分析には，動態地誌のフレームワークが適し
ている。動態地誌のように，地域を構成する要素の相互関連性に基づく整理・記
載の方法では，地域構造図の分析が適している。地域構造図は地域を構成する諸
因子や諸要素との相互関係を示すものになっている(千葉，1972；1973)。地域
構造図を作成するためには，対象となる地域の地理的事象のなかで特徴的なもの
や関心のあるものに焦点をしぼり，それに関連した因子や要素を抽出し，それら
の相互関係を明らかにすることが必要になる。実際，地域構造図では抽出した因
子と要素の関連性や関係順序(序列や階層性)にしたがって系統的に矢印で結ぶこ
とにより，地域構造図の概念的なフレームワークが構築できる。さらに，関連性
の強さを矢印の太さで示したり，関係順序を歴史的系列や社会経済的系列，およ
び自然的系列に区分して記述したりするなど，地域構造図をわかりやすくする工

夫も必要になる。

　地域構造図の1つの事例として，富山県立山町におけるフードツーリズムに着目した地域の因子と要素の関連性を図 序-2に示した。立山町のフードツーリズムの発展とその地域的性格は5つの要素で特徴づけられている。すなわち，それらは3つの稲栽培法の普及，「アルプス米」のブランド化，「てんたかく」品種の導入，一元出荷一元販売システムの定着，および米の加工品としての「おかゆっこ」の生産の5つである。具体的には，地域の内的要因(農家の経験，農家の認識，地力の低下，牛の飼育，富山市街との近接性，清らかな地下水，生産者への利益還元)が外的要因(ライフスタイル・食生活の多様化，新食糧法施行，米の卸売・小売登録制度開始)と関連して順次，地域の構成要素を生み出し，最終的にはフードツーリズムの発展はそれを特徴づける5つの要素に収斂^{しゅうれん}されていく。以上に述べたように，富山県立山町の性格はフードツーリズムの発展，あるいは稲作農村の変化という地理的事象に焦点を当て，それに関連して自然や社会経済，および歴史的背景や生活文化，他地域との関係を関連づけることにより，地域の性格は動態地誌として体系的に説明され明らかになっていく。

　動態地誌の方法は，地域を総合的にみたり考えたり理解したりするため，ジェネラリストの養成に貢献することになる。そのため，観光地域の分析においても，地誌学的なフレームワークは地域理解の基礎になる。もう1つの地誌学の方法である比較地誌の基本は，地域を同一の基準で比較することでそれぞれの地域の性格を明らかにするものである。同一の基準の比較とは，同じ地域スケールと地域要素で比較することである。つまり，比較地誌は州・大陸規模での比較か，国や市町村レベルの比較かを考慮し，比較する空間スケールを揃える必要がある。次に，闇雲に2つの地域を取り上げて比較するのではなく，2つの地域を取り上げる明確な意味を説明できなければならない。例えば，オーストラリアとカナダを国スケールで比較する場合，ヨーロッパ人が新大陸に入植して建設した国家を北半球(ヨーロッパから近い)と南半球(ヨーロッパから遠い)の観点で検討するという地理的な位置や歴史的な経緯などからの意味づけが必要である。次に，静態地誌や動態地誌など同じ地誌学の枠組みで比較することが重要になる。そして，それぞれの地域の類似性や異質性(対照性)を見出すとともに，それらの性格を引き出す要因も見出すこともできる。最終的には，それぞれの地域の性格を明らかにすることができる。

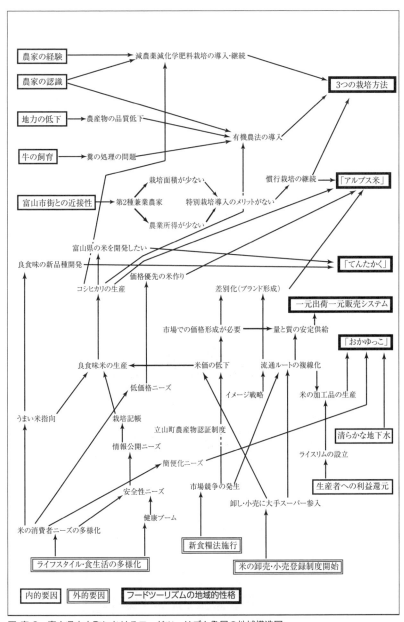

図 序-2　富山県立山町におけるフードツーリズム発展の地域構造図
　　　　（現地調査により作成）

3. 観光地域を地誌学的に理解するための景観分析

　観光地域を地誌学的に捉える1つの考え方や方法として景観分析がある。景観分析のフレームワークによれば(図 序-3)，景観は地域の諸環境(自然，歴史・文化，社会・経済，生活など)を地表上に投影したものとして捉えることができる。そのため，景観を読み解くことにより，地域の構成要素としての諸環境を少なからず地誌学的に理解することができる。地域や場所の単なる景観，あるいはそこでの人々の日々の生活を写した景観を体系的に読み解くためには，最初に景観のなかに特徴的な現象や興味深い現象を発見し，次に発見した現象を特徴づける自然環境，社会・経済環境，歴史・文化環境などを抽出し，最終的に特徴的な現象と諸環境との相互関係から地域の性格を考えなければならない。それは，動態地誌の考え方と同じである。基本的には，景観は地域の自然環境や社会・経済環境，および歴史・文化環境などを基盤にし，それらの環境要素がジグソーパズルのようにモザイク状に，あるいは重層的に組み合わされてつくられている。そのため，

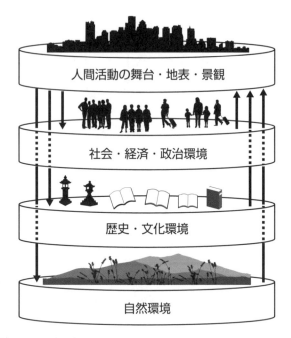

図 序-3　地域における景観分析のフレームワーク

12

写真 序-1　カナダ・ブリティッシュコロンビア州のオカナガンヴァレーの景観
　　　　　（2008年9月菊地俊夫撮影）

ジグソーパズルのピースを1つ1つはがしていくように，景観をつくる環境要素を識別し，それらと人間との関係を明らかにすることは地域を理解する1つの醍醐味となる。

　実際にカナダ・ブリティッシュコロンビア州のオカナガンヴァレーの観光地域の景観を実際に読み解いてみよう(写真 序-1)。自然環境はロッキー山脈西麓の細長い湖(オカナガン湖)で特徴づけられ，その形態は氷河湖の様相を呈している。氷河湖の周辺は盆地状の地形になっており，森林がみられないことから，この地域は雨が少なく，日照時間の長い温暖な気候であることがわかる。このような自然環境を利用して果樹農業が伝統的に発達した。当初，リンゴ栽培が発達したが，アメリカ合衆国との自由貿易協定によりリンゴ市場が開放され，アメリカ産の低廉なリンゴが流入することにより，リンゴ栽培は衰退した。リンゴ栽培に代わる新たな商品生産として醸造用のブドウ栽培が導入され，オカナガン湖周辺で多く栽培されるようになった。醸造用ブドウ栽培の発達とともに，ワイン生産も本格化し，ワイナリーとブドウ畑を，あるいはワイナリーとワイナリーをワイン街道で結ぶようにしてワインツーリズムが発展している。さらに，日照時間の長い温暖な気候はリタイアした人々やシニアの人々のリゾート的な居住地としても人気があり，カナダ・ブリティッシュコロンビア州の一大観光地の地位を確かなもの

にしている。このように，私たちは地表上に投影された観光地域の景観を地誌学的に自然環境や歴史・文化環境，および社会・経済・政治環境と関連づけて読み解くことにより，観光地域としての景観分析を行うことができる。

　以上に述べてきたように，景観を読み解くことは，何気ない平凡な身の回りの景観にもさまざまな意味を見出すことでもある。しかし，景観にさまざまな意味を見出すことは容易ではない。景観を読み解く手順にしたがって，自然環境や歴史・文化環境，および社会・経済・政治環境から検討しても，地域の興味深い特徴は見出せないかもしれない。それは，自分の知識や見聞・体験以上に地域の特徴を読み解くことができないからである。景観を読み解くためには，専門的な知識が必要であるが，幅広い知識や見識や体験も必要になる。いわば，スペシャリストの素養よりも，ジェネラリストの素養が求められる。森を理解しようとする場合，個々の「木」だけを観るのではなく，「森」全体を観る姿勢が観光地誌学には肝要となる。

◎参考文献
岡本伸之編著(2001)：『有斐閣アルマ　観光学入門−ポスト・マス・ツーリズムの観光学−』有斐閣.
菊地俊夫編著(2008)：『観光を学ぶ−楽しむことからはじまる観光学−』二宮書店.
菊地俊夫編著(2018)：『ツーリズムの地理学』二宮書店.
千葉徳爾(1972, 1973)：地域構造図について(1)，(2)，(3)，(4). 地理，17-10；64-69，17-11；71-76，17-12；60-64，18-1；87-92.
Hall,C.M.and Page,S.J.(2006)：The Geography of Tourism and Recreation:Environment, Place and Space.Routledge.

（飯塚　遼・菊地俊夫）

イギリス・ウェールズにおけるポントカサステ水路橋とナローボートツアー
（2013年9月菊地俊夫撮影）

第 I 部
ヨーロッパの観光地誌

I

　ヨーロッパでは，伝統的に都市空間と農村空間，および自然空間が明確に区分されていた。実際には，都市空間は城壁により農村空間と区分され，森林などの自然空間も動植物の種の保全地として都市空間や農村空間から切り離されていた。しかし，都市空間や農村空間，および自然空間がそれぞれ独立して存在していたわけでなく，それぞれが人間活動と自然との関わりを通じて共存・共生してきたことが，さまざまな形態のヨーロッパの観光地誌を特徴づけてきた。以下の章では，ヨーロッパの観光地誌を通じて，さまざまな人間活動と自然との共存・共生の様相をみることにする。

　例えば，ウェールズにおけるポントカサステ水路橋のナローボートツアーはイギリスの定番の観光形態である。深い渓谷に建設された水路橋（世界文化遺産の1つ）とそこから眺める自然景観や農村景観，および狭い水路とそのネットワークに適応したナローボートでのツアーは，自然と人間活動の共存・共生を物語っている。

第1章　アーバンツーリズムからみるパリ

1. パリの成立

　パリの起源は，パリシイ族と呼ばれるケルト人が紀元前3世紀にセーヌ川の中州のシテ島に定住したことにある。パリシイ族は河川輸送を生業にしており，水運の便と居住地の防衛を考慮して，セーヌ川の中州に集落ルテティアを建築した。ルテティアには水路網が集まり，パリ盆地内やその周辺地域だけでなく，英仏海峡までの水運も容易にした。このようなルテティアの地理的位置と水運による経済力はローマ帝国の注目するところとなり，ローマ帝国の支配を受けるようになった。

　ルテティアではローマ人による都市づくりが行われ，シテ島を中心に南北の基軸路が敷設された。ローマ人の南北軸に基づく都市づくりは，その後のパリの基盤となり，現在まで受け継がれている。また，セーヌ川の左岸には劇場，共同浴場，円形演技場，市場・議場などが幾何学的な街路プランのなかに計画的に配置され(図1-1)，それらはヨーロッパ各地に展開するローマ都市の一般的な特徴を呈していた(写真1-1)。しかし，当時のルテティアの人口は約5,000と推定されており，他の主要なローマ都市の人口約10,000と比較すると，ルテティアは大きな都市というわけでなかった。

　ルテティアは3世紀中頃のゲルマン民族の大移動による影響で他民族の攻撃を受けるようになり，シテ島に市壁が建設された。ローマ帝国の勢力が衰退し，ルテティアは5世紀末にパリと名前を変えたが，パリのもつ地理的位置の有利性は変わらなかった。セーヌ川を遡って攻めてくるノルマン人や盆地の丘陵を越えて攻めてくるゲルマン人の脅威は，パリにおける城壁の重要性を高めた。このことは，シテ島を取り囲む市壁に代わり，フィリップ・オーギュストの城壁が12世紀から13世紀にかけてパリの都市の範囲全体を取り囲むものとして建設されたことからもわかる(図1-2)。フィリップ・オーギュストの城壁はパリを防衛することが大きな役割であったが，都市域(城壁内)と農村域(城壁外)を分ける境界と

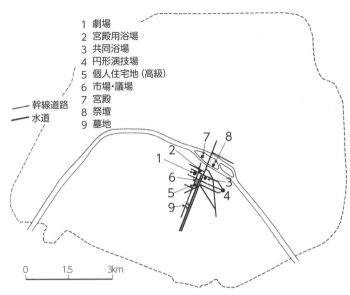

1 劇場
2 宮殿用浴場
3 共同浴場
4 円形演技場
5 個人住宅地 (高級)
6 市場・議場
7 宮殿
8 祭壇
9 墓地

—— 幹線道路
—— 水道

0　　1.5　　3km

図1-1　ローマ都市としてのパリ
（Atlas et geographie de la francemoderneより作成）

しても機能した。城壁内では，さまざまな都市施設の建設が行われ，そのことが
パリの都市としての性格に大きな影響を及ぼすことになった。例えば，12世紀
からシテ島で建設が始まったノートルダム大聖堂は都市のシンボルとしてだけで
なく，国の宗教の中心として重要な施設となった。

　セーヌ川左岸では，神学校・学寮や修道院が多く立地するとともに，それらを

母体としたソルボンヌ大学も13世紀に
開校した。このように，セーヌ川左岸地
区は学寮・神学校や修道院，あるいは大
学が立地し，文教地区としての性格を強
め，今日まで都市の文化的機能を担って
きた。セーヌ川左岸地区に対して，セー
ヌ川右岸には河港が建設され，それを中
心に商業地区が形成された。一般に河川
交通において船の航行は原則として右側
通行であるため，上流からの物資を荷下

写真1-1　パリの中心地におけるローマ都市
　　　　　の浴場跡（2019年3月筆者撮影）

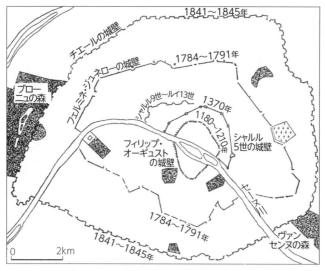

図1-2　パリに建設された城壁とその拡大(高橋伸夫(1981)より引用)

ろしするためには河川の右岸に，下流からの物資を荷下ろしするためには河川の
左岸に河港が建設された。しかし，セーヌ川の場合，河川勾配がほとんどなく，
流れが緩やかであるが，重量のある物資を積載しての下流から上流への輸送は，
両岸から船を綱で引き上げるなど多大な労力を必要とした。そのため，セーヌ川
の水運は上流からの物資輸送を中心としており，荷下ろしのための河港はセーヌ
川の右岸に形成されたのである。

2. パリの発展と新たな城壁の建設

　14世紀以降，パリはセーヌ川右岸の発達によって特徴づけられる。右岸地区
では河港に隣接して，レ・アレなどの大きな市場がパリの人口増加に呼応するよ
うに発達し，その周辺には商工業者が多く居住するようになった。パリの人口増
加を支えたのは，イル゠ド゠フランス地域(パリ周辺地域)からセーヌ川の流れを
経由して供給される食料であった。例えば，上流のブリー台地からは小麦粉や肉
類，乳製品が，フランス平野(ピカルディー)やボース平野からは小麦粉や野菜類，
あるいは果物が供給された。また，ブルゴーニュ地方やシャンパーニュ地方のワ
インもセーヌ川の水運を利用してパリに供給された。パリへの食料供給の増加は

セーヌ川右岸の商工業の発達を促し，セーヌ川の右岸と左岸の機能分化が決定づ
けられた。「パリはセーヌの右岸で腹を満たし，左岸で頭を満たす」といわれる都
市の性格は，14世紀にはすでに形成されていたといえる。

　パリの城壁は人口の増加や都市の拡大とともに，外縁部に移動した。特に，セ
ーヌ川右岸では商工業の発達にともなって都市域が拡大し，14世紀にはフィリ
ップ・オーギュストの城壁の外側に城壁が建設された。さらに，18世紀になる
と従来の城壁の外側にフェルミネ・ジェネロー（徴税請負人）の城壁が建設された
（図1-2）。フェルミネ・ジェネローの城壁は高さ3.2mの石壁で，総延長24kmで
パリを取り囲んでいる。この城壁の役割は外敵から都市を防衛するためよりも，
城壁の名前が示すように，徴税の便宜を図るためのものであった。政府の財源を
確保するため，徴税請負制度が18世紀につくられ，入市税や煙草税，あるいは
塩税などが間接税として徴収された。特に，城壁で市域を囲うことにより，品物
がパリに入る際に課せられる入市税の徴収は容易になった。城壁には約60か所
の門が設けられ，そこが税金の取り立て所となった。

　入市税の徴税はパリの都市生活や商工業に大きな打撃を与えたが，都市域の拡

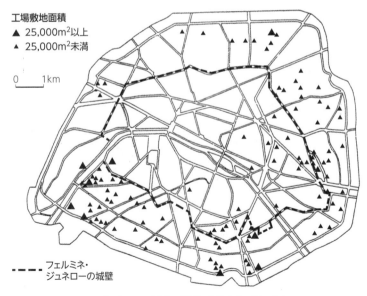

図1-3　フェルミネ・ジュネローの城壁の外側に立地する工場の分布
　　　　（Atlas des Parisiensにより作成）

大にもつながった。入市税の徴税がない場所での商工業が発達するようになり，城壁のすぐ外側にはさまざまな工場が立地するようになった（図1-3）。現代におけるパリ市の工業が都市周辺に立地しているのは，フェルミネ・ジェネローの城壁の建設と関連している。また，フェルミネ・ジェネローの城壁の外側に市街地が広く形成されたため，その外側にチエールの城壁が19世紀に建設された。チエールの城壁も入市税の徴税を目的に建設されたが，パリの範囲を明確に示す目安にもなった。チエールの城壁は20世紀の初めに取り壊され，その跡地に環状の高速道路が敷設されたが，その城壁に囲われていた範囲が現在でもパリの市域として周知されている。

3.「花の都パリ」の創造と観光化

　中世と近世を通じて，パリはフランスの中心都市の1つであったが，現在のようなプライメイトシティではなかった。また，さまざまな職業や社会階層の人々が混住化し，都市は無秩序に発展していた。そのため，現在のような計画的な街路パターンや花の都としての美しさは，オスマンのパリ大改造計画を待たなければならなかった。パリの都市としての中心性の増大にはナポレオンの功績が大きかった。ナポレオンは中央集権的なフランス国家の建設を目指し，すべての政治的な決定や決済をパリで行うようにした。そのため，パリに人・もの・金・情報・文化が集まるようになり，フランスにおけるパリの重要性が向上した。このような人・もの・金・情報・文化はさまざまな交通ネットワークを利用して集まった。特に，セーヌ川の流れによる水運は交通ネットワークとしてだけでなく，情報文化のネットワークを構築するためにも重要な役割を果たした。

　パリにさまざまな機能が集中し，多くの人々が集まるようになると，パリの都市としての風格や威厳が問題になった。18世紀から19世紀にかけてのパリでは急激な人口の流入と増加がみられたが，それに対応した都市のインフラストラクチャー（上下水道や道路）の整備は不十分であった。パリに流入した人口の多くは市内に分散する貧民街に居住し，悪臭の漂う下水溝と不衛生な住居は都市の風格や威厳，および居住環境を低下させた。また，曲がりくねった街路や入り組んだ路地は，犯罪や暴動を起こしやすい環境をつくり出し，パリは安全で安心な都市といえなかった。このような状況のなかで，オスマンが1853年にナポレオン3

世からセーヌ県知事に任命され，
パリの大改造計画に着手した。オ
スマンのパリ大改造計画における
基本的なコンセプトは，規則的な
配置による都市美の創造とそれに
よる都市の風格・威厳の醸成であ
った。

　オスマンがパリの大改造で最初
に着手したのは道路網の整備であ
った。曲がりくねった街路を直線
化し，道幅を拡張して12本の並
木大通り（ブールバール）が建設さ
れた。並木大通りのいくつかはシ
テ島を中心にローマ都市の南北軸
やそれと直交する東西軸と対応す
るようにした（例えば，シャンゼ
リゼ並木大通りやサンミッシェル
並木大通り）。道路網の整備とと
もに，公園が建設され，公園と広
場が都市交通のノードや都市景観
のアクセントとして機能するよう

写真1-2　オスマンにより改造されたパリの都市景
　　　　観（2002年9月筆者撮影）

写真1-3　パリのランドマークとしてのノートルダ
　　　　ム大聖堂（2019年3月筆者撮影）

になった。具体的には，公園や広場を直線道路で結びつけ，それらから放射状に
広がる街路パターンが建設された。これらのような南北軸と東西軸の並木大通り，
および放射状の街路パターンはシンメトリーな都市景観をつくり出し，美的な花
の都パリの基盤となった（写真1-2）。オスマンは街路パターンの美しさだけでな
く，建物の高さやファサード（建物正面）の線を揃えることにも気を配り，統一感
のある均整の取れた都市景観に美しさを求めた。

　都市景観のシンメトリーと統一性は美しい花の都パリを創造したが，オスマン
の大改造はそれにとどまらなかった。産業革命以降，パリが抱えてきた問題は不
衛生な居住環境であった。この不衛生な居住環境を改善するため，オスマンは上
下水道の整備を行い，貧民街の再開発を行った。当時のパリにおいて最大の貧民

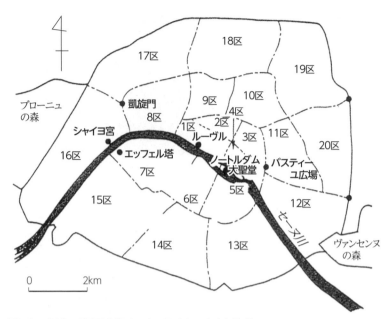

図1-4　パリ市の行政区分（Atlas des Parisiensにより作成）

街はシテ島であった。シテ島では貧民街が取り壊され，ノートルダム大聖堂をランドマークにして（写真1-3），パリの中心にふさわしい地区がつくられた。オスマンがパリ市を20区に分けて行政を行う際に，シテ島を中心にセーヌ川右岸の中心部を1区として右回りの渦巻状に区の番号が振られた（図1-4）。このことからも，シテ島をパリ市の地理的，歴史・文化的，そして景観的中心とするオスマンの考えが理解できる。オスマンが目指した「花の都パリ」は，19世紀末の万国博覧会開催で完成し，セーヌ川の基軸に沿って多様な都市機能が配置された。

4. 文化・観光都市としてのパリ

　セーヌの流れによってパリに人・もの・金・情報が集まり，パリの文化・観光都市としての基盤が築かれたが，その契機はフランス革命で職を失った宮廷文化人が集まったことであった。これらの宮廷文化人を頼りにして，文学や音楽，あるいは美術などを志す若い芸術家がセーヌの流れを利用して地方から集まった。例えば，バルザックやユゴーなどの小説家やユトリロやミレーなどの印象派画家

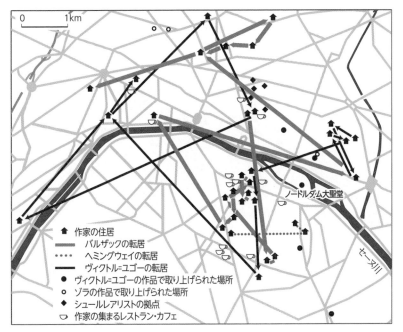

図1-5　パリに集まった芸術家の分布
（ジャン・ロベール・ピット編（2000）より引用）

凡例：
作家の住居
バルザックの転居
ヘミングウェイの転居
ヴィクトル=ユゴーの転居
ヴィクトル=ユゴーの作品で取り上げられた場所
ゾラの作品で取り上げられた場所
シュールレアリストの拠点
作家の集まるレストラン・カフェ

ノードルダム大聖堂

セーヌ川

が市内に居住して，パリを題材とする作品を発表し，彼らに師事するため多くの若い芸術家が集まった（図1-5）。その結果，パリは芸術の都としての地位と観光的価値を確立した。同様の経緯は美食の都パリの確立にもみられた。本来，美食（グルメ）思想はルイ14世の時代に宮廷で発達した。しかし，宮廷料理人はフランス革命で職を失い，彼らの多くはパリに集まり，市民向けレストランを開業した（図1-6）。レストランを開業する料理人にとって，パリの地理的位置はセーヌの流れを経由して各地の新鮮で豊富な食材が集まるため魅力的であった。現在，美食はパリの都市観光の主要な，また文化・観光都市としてのパリの重要な要素になっている（写真1-4）。

　文化・観光都市としてのパリの特徴は，聖と俗の空間が共存することにある。これは，セーヌ川の左岸と右岸の機能分化の伝統に基づくものであり，学寮や修道院を基盤とする左岸の聖なる空間と，市場と商工業地区を基盤とする右岸の俗なる空間の対比で特徴づけられる。聖と俗との共存は歓楽の都パリの発達を促し

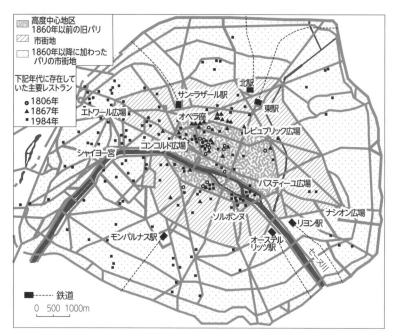

図1-6　パリにおけるフランス料理レストランの分布
（ジャン・ロベール・ピット編(2000)より引用）

た。もともと，都市には人が集まることにより歓楽・遊興の空間がつくられ，そ

写真1-4　パリの美食街としてのムフタール通り
（2002年9月筆者撮影）

こには劇場・カフェ・キャバレーなどが立地する（図1-7）。歓楽の都パリの発達は都市文化としての俗な空間を演出したものであり，庶民や市民を主役とする都市文化が宮廷文化に代わって醸成されたことを示している。歓楽の都が俗なるパリを象徴するならば，パリの宗教的資源や歴史資源は聖なるパリを象徴している。パリは聖と俗に代表されるように，さまざまな文化の表情をもち，そのことが

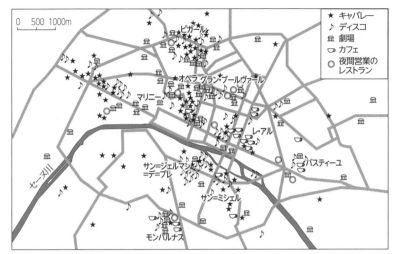

図1-7　パリにおける遊興施設の分布
　　　　（ジャン・ロベール・ピット編（2000）より引用）

世界で最も観光者が多い都市をつくり出している。このようなさまざまな表情を
もつパリの文化はセーヌの流れとともに，歴史のなかで育まれ蓄積されたもので
あり，その蓄積が現代の都市観光の大きな要素にもなっている。

◎参考文献
高橋伸夫(1981)：『フランスの都市』二宮書店.
サールマン，H．著，小沢　明訳(1983)：『パリ大改造−オースマンの業績−』井上書院.
宇田英男(1994)：『朝日選書　誰がパリをつくったか』朝日新聞社.
石井洋二郎(1997)：『ちくま新書　パリ−都市の記憶を探る−』筑摩書房.
高橋伸夫・手塚　章・ジャン・ロベール・ピット(1998)：『パリ大都市圏その構造変容−』東洋書林.
ピット，J．編，木村尚三郎監訳(2000)：『パリ歴史地図』東京書籍.
尾田栄章(2005)：『セーヌに浮かぶパリ』東京図書出版会.

（菊地俊夫）

第2章 アーバンツーリズムからみるロンドン

1. ロンドンの歴史

　ロンドンは，紀元後43年頃にテムズ川における交易拠点としてローマ人により建設されたロンディニウム(Londinium)に由来するとされる。ロンディニウムは現在のシティ周辺に該当し，イングランド中部と南部との結節点としての機能をもった都市として栄えた。都市の発展とともに市街地は拡大し，当初は市壁が建設されなかったが，ゲール人やアングロ・サクソン人の襲来が増えてきたために，2世紀の終わりに市街地を取り囲む市壁が建設された。大陸側の政治が混乱し始めるとロンディニウムのローマ人は撤退し始め，5世紀にはロンディニウムは完全に放棄された。

　5世紀から6世紀にかけては，ローマ人に入れ替わるようにアングロ・サクソン人が流入してきた。彼らはローマ時代の市街地の西側に新たな市街地を建設し，ルンデンウィック(Lundenwic)と名づけた。ルンデンウィックは，現在のウェストミンスター区のコヴェント・ガーデン周辺に位置していたとされる(図2-1)。

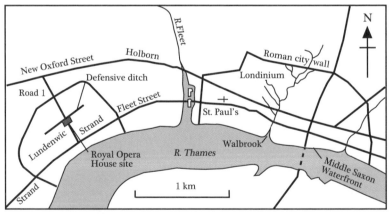

図2-1　ローマ都市ロンディニウムとアングロ・サクソン都市ルンデンウィック
　　　　(Pryor, 2010より作成)

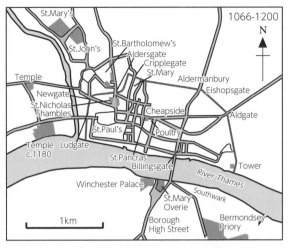

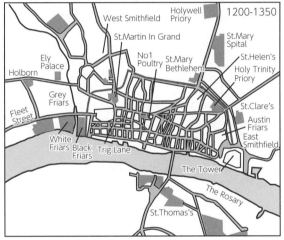

図2-2　中世のロンドンにおける都市開発
　　　　（Pryor, 2010より作成）

その最盛期は８世紀の中頃であり，大陸ヨーロッパとの交易点としてのみならず，皮革や金属加工などの産業が盛んであった。しかし，９世紀後半になると北方からのヴァイキングの襲来が激しくなり，アングロ・サクソン人たちはルンデンウィックを放棄して，かつてのロンディニウムの市壁を強化してその市街地に移動した。かつてのロンディニウムはルンデンブルフ（Lundenburh）と呼ばれるようになり，市壁の内部にはローマ時代とは異なる新たな町割りが形成された。

ノルマン王朝の11世紀には，内陸部との交易の中心機能をさらに強め，ロンドンはイギリスの中でも最大の都市となった。さらに，12世紀になるとロンドンがイングランドの首都とみなされるようになった。その後，周辺の都市や農村部からの人口の流入も盛んになり，ロンドンの人口はさらに増加した。12世紀の時点で20,000，13世紀になると40,000に達し，13世紀の終わりには80,000～100,000ほどの人口を抱えるまでになった。このような人口の急増に都市インフラストラクチャーの拡充が追いつかず，市壁内に建物が密集し，その間隙を縫うように路地が入り乱れる都市景観がみられるようになった。その一方で，市壁外の農村部においても市街地開発がなされるようになり，北部や西部，そしてテムズ川右岸で開発が進んだ（図2-2）。

　そのような過密な都市構造を大きく変えるきっかけとなったのが，1666年のロンドン大火である。4日間続いたとされるその大火により，中世以来のハーフティンバー建築と狭い路地が入り乱れる街路構造が卓越していた現在のシティ区のほとんどが焼失した。その後，クリストファー・レンによる復興計画で，建造物にはレンガと石を建材として利用することで不燃化を目指し，中世以来の町割りを見直すことで，街路は拡大された。さらに，同時期に都市内部における機能が地理的に分化するようになり，港湾機能はサザーク区，タワー・ハムレッツ区，そしてニューアム区にまたがるドックランズに，商業や金融機能はシティ区に，そして行政機能はウェストミンスター区に配置されるようになった。ここに，現在に通じるロンドンの都市機能における地域構造の端緒がある。

2. ロンドンにおける伝統的なナイトライフ空間

　ロンドンを訪れる観光者のナイトライフを彩る歓楽空間は，17世紀のロンドンの発展とともに現れてきた。ロンドンの人口は増加しつづけ，17世紀の中頃には375,000を数えるまでに至ったとされる。現在のシティ区を取り囲むように巡らされていた市壁を越えて市街地が西側のウェスト・エンド地区に拡大していった（図2-3）。ウェスト・エンド地区には，シティ区の住環境の悪化を嫌った上流階級の邸宅や庭園などが建設された。前述した1666年のロンドン大火により，シティ区が壊滅的なダメージを受けたため，ウェスト・エンド地区で市街地開発が加速された。シティ区の東側に立地していた市場もロンドン大火によりウェス

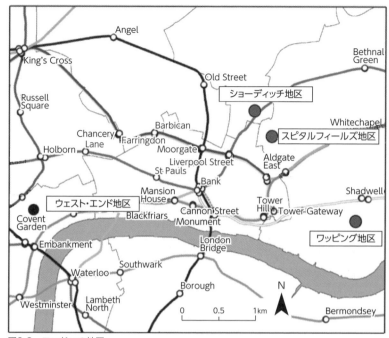

図2-3　ロンドンの地図

ト・エンド地区のコヴェント・ガーデンに移設された。その後，コヴェント・ガーデンにおける市場機能が拡大すると，当初居住していた上流階級はメリルボーンやメイフェアなどのさらに西側の地区やケンジントンなどの郊外に転出していった（森，2012）。残された邸宅や庭園は，市場関係者を相手とするパブやコーヒーハウス，売春宿などに変えられ，コヴェント・ガーデンからソーホーにかけての地域に盛り場が形成された。その一方で，上流階級の居住区に隣接するセント・ジェイムスは，上流階級向けの盛り場として残存した。このように，ウェスト・エンド地区一帯は社会階級の上下問わず，人々が日々の気晴らしをする盛り場として発展してきたのである。

　さらに，19世紀には大衆文化が発展し，レスター・スクエアに演劇や音楽を楽しむミドルクラス向けの劇場が次々と建設された。また，ウェスト・エンド地区南部のストランドにおいても再開発がなされ，多くの劇場が建てられた。それらの周辺にはレストランやカフェなどの飲食施設や商店街，デパートなどの商業施設も付随して建設された。20世紀に入ると，ソーホーなどの一部の地域を除

いて妖艶な繁華街であった場所にも，飲食施設や商業施設が次第に入り込むようになった。近年では，ソーホーにおいてもクリアランスが進行し，猥雑な雰囲気はなくなり，ウェスト・エンド地区のその他のエリアと一体となった観光地域を形成している。このように，現在でもウェスト・エンド地区は，ロンドン市民だけでなく，観光者も観劇や飲食を楽しむナイトライフ空間として機能している。

3. ロンドンにおける新たな歓楽空間

　ウェスト・エンド地区が伝統的な歓楽空間を形成してきた一方で，シティ区の東側，いわゆるイースト・エンド地区においてはロンドンの港湾機能の中心を担い，長らく労働者階級や移民の居住地となってきた。しかし，港湾機能が衰退した1980年代以降ジェントリフィケーションが進行し，飲食施設やイベント施設の整備もみられ，ロンドンにおける新たな盛り場が出現している。さらに，2012年のロンドン・オリンピックの開催により地域の変容がさらに進行している。ここでは，近年の都市の景観や性格の変化が著しい3つの地域をみてみる。

1. ワッピングの歓楽空間

　タワー・ハムレッツ区に属するワッピングは，ロンドンにおける港湾機能の一大拠点であったドックランズの西端に位置している（図2-3）。ワッピングはワッピング・マーシュと呼ばれるテムズ川の湿地帯であったため長らく開発はされてこなかったが，水運の発展とともに19世紀ごろから倉庫や造船所などが建設され，それらの倉庫業や造船業に従事する労働者階級の居住地域となってきた。しかし，第2次世界大戦以降，テムズ川の港湾拠点が河口側のティルベリーに推移したことにより，ドックランズは衰退し，ワッピングでは多くの港湾施設が閉鎖した。それにともない，ワッピングは人口の流出や高失業率，残存住宅のスラム化が大きな問題となる荒廃地区となった。

　1981年にロンドン・ドックランズ開発公社（London Docklands Development Corporation）が設立されると，ワッピングにおいても大規模な再開発が行われた。これにより倉庫群がリノベーションされて高級なフラットに変化していった。ワッピングにおいては，倉庫の住宅やオフィスへの転用が再開発の中心であったため，当初は人々が集う盛り場としての機能は有していなかった。

写真2-1　タバコ・ドックでの
　　　　ビール・イベント
　　　　(2018年8月筆者撮影)

　しかし，1980年代後半に始まったタバコ・ド
ック(Tobacco Dock)の再開発は，ワッピングに
おけるナイトタイム・エコノミーの中心核の形成
につながった。タバコ・ドックは，19世紀当時
隆盛を誇っていた倉庫会社ロンドン・ドック会社
(London Dock Company)が所有していたドッ
クの一部である。荷役用船舶が停泊するドック部
分とタバコや酒類を保管する倉庫とから構成され，
現在では倉庫がグレードⅠのイギリス指定建造物
に指定されている。タバコ・ドックはドックラン
ズにおける港湾機能の衰退にともない1969年に
閉鎖され，ドックとしての役割を終えた。しかし，
一部が解体されずに残され，1980年代には所有
もロンドン・ドックランズ開発公社に移された。ロンドン・ドックランズ開発公
社は1989年に市場から商業施設への転換が成功を収めていたコヴェント・ガー
デンに追随して，タバコ・ドックを商業施設へと転換した。しかし，イースト・
エンドという地域に対する人々の認識や，公共交通機関によるアクセスが良くな
かったことが原因となり，経営はうまくいかず，すぐにテナントが離れていった。
その後も，わずか1軒の飲食店が営業を続けていたものの，その店舗も2008年
に閉店した。1999年には所有がクウェートの投資会社系列のメッシーラ・ハウ
ス(Messila House)に移ったものの，タバコ・ドックには用途が見出されること
はなく，時折映画のロケやイベントスペースとして使用されるのみであった。

　2012年にはイースト・エンド地区で開催されたロンドン・オリンピックに合
わせてタバコ・ドックも大きく改装され，多目的利用を見込んだコンベンション
施設となった。運営はタバコ・ドック会場株式会社(Tobacco Dock Venue
Ltd.)が行い，積極的にイベントを誘致したことから，年間およそ250件ものイ
ベントが開催されるようになった。タバコ・ドックではフェスティバルから国際
会議までさまざまなイベントが開催されているが，主に若者向けの酒類イベント
やクラブ・イベントなど夜間利用を中心とするコンベンション施設として機能し
ている(写真2-1)。また，イベント用のスペースのほかに小規模のオフィスやコ
ワーキングのスペース，貸し会議室なども設けられており，近隣の若手ベンチャ

写真2-2　新築のスピタルフィールズ・マーケット（左）と市場の面影が残るオールド・スピタルフィールズ・マーケット（右）（2012年10月筆者撮影）

ーのインキュベーター施設の役割も担っている。さらに，それらの施設利用者だけでなく一般の人々も利用できるバーが常設されているほか，ロンドンの夜景をみながらお酒を楽しむことのできる屋上バーが夏季と冬季の季節限定でオープンする。このように，タバコ・ドックは，ワッピングにおいてイベントやオフィス利用を通じて多くの人々が集い，交流するノード（結節点）となっている。

2. スピタルフィールズの歓楽空間

　スピタルフィールズは，ワッピングと同様にタワー・ハムレッツ区に位置している（図2-3）。スピタルフィールズはロンドン市街東郊の農村であったが，17世紀に青果市場スピタルフィールズ・マーケット（Spitalfields Market）とビール醸造所ブラック・イーグル・ブルワリー（Black Eagle Brewery）が建設されたことにより市街地として発展してきた地域である。また，多くの移民や難民を受け入れてきた歴史も有し，17世紀後半には本国で迫害を受けたフランス人ユグノーが流入し，スピタルフィールズは彼らの避難地ともなった。ユグノーの多くは絹織物の技能を有していたことから，スピタルフィールズにおいては絹織物を中心とする軽工業が発展した。さらに19世紀に入ると，本国での麻織物産業の衰退によりアイルランド人の織物工が流入してきたが，インド産の綿布キャリコの流行や外国産の安価な絹織物の流入により，スピタルフィールズの絹織物産業も大きく衰退した。住宅地は荒廃し，スラム化もみられるようになった。

　19世紀後半にはアシュケナージ・ユダヤ人が宗教的な迫害を背景に流入し，繊維産業のほか家具製造や皮革産業などに従事するようになった。その後，ユダヤ人の多くはロンドン北部スタムフォード・ヒルに流出していったが，1960年代には繊維産業に従事する季節労働者のバングラデシュ人が流入し，ブリック・レーン通り周辺に居住するようになった。定住化とチェーン・マイグレーションにより，ブリック・レーン周辺は「バングラタウン」と称されるほどのバングラデ

シュ人集住地区となった(Afab,2005)。このように，スピタルフィールズは，その歴史を通じて国際色豊かな労働者階級の居住地域であった。しかし，近年ではそのような地域にも変化がみられ，夜間に人々が集う空間の形成もなされている。

　まず，夜間の盛り場空間を構成する施設として，オールド・スピタルフィールズ・マーケット(Old Spitalfields Market)とスピタルフィールズ・マーケット(Spitalfields Market)がある(写真2-2)。ともに1991年に市場機能が郊外移転したことにより，その役目を終えた前述の青果市場を再利用した複合商業施設である。オールド・スピタルフィールズ・マーケットは，荒廃した市場周辺地域を再活性化することを目的として，青果市場の移転後すぐにスピタルフィールズ開発グループ(Spitalfields Development Group)と都市空間マネジメント(Urban Space Management)，ベスナル・グリーン都市問題(Bethnal Green City Challenge)といったデベロッパーの共同ベンチャーによって暫時的に市場を一般の人々に開放したことに端を発する。当初の開発グループの計画は市場を改変するものであったが，開発資金の関係によりかつての青果市場の敷地東側半分をほぼ居抜きで利用し，その中に新たに地元企業によるフードコートを設置するに留まった。また，芸術品や工芸品，アンティーク，衣料品，有機食品を販売するマーケットも設置され，ワークショップや展示会，スポーツなどのイベント利用もなされるようになった。地元の資本を活用した再開発は成功し，ロンドンの市民にとって非日常的なロハス体験ができる施設として機能した。また，このような人々が集う施設ができたことは，夜間の歩行さえ避けられていた荒廃地区としてのイースト・エンドのイメージの払拭にもつながった。

　一方，スピタルフィールズ・マーケットは，周辺住民の反対運動や何度もの計画変更のために長らく使用されてこなかった敷地の西側半分を取り壊して，オールド・スピタルフィールズ・マーケットを拡大する形で2005年に完成した。スピタルフィールズ・マーケットはオールド・スピタルフィールズ・マーケットとは異なり，新築の地上12階建てのビルとマーケット部分から構成されており，マーケットや商業施設だけでなく，上層階にはオフィスが入居する複合型商業施設となっている。いずれのマーケットにおいてもレストランやカフェなどの飲食店が入居しており，昼間のみならず，夜間も仕事終わりの地元住民や観光客で賑わう。

　もう1つの夜間の盛り場空間の核としてオールド・トゥルーマン・ブルワリー

写真2-3　オールド・トゥルーマン・ブルワリーでナイトライフを楽しむ人々
（2019年8月筆者撮影）

(The Old Truman Brewery)がある。オールド・トゥルーマン・ブルワリーは，1989年に閉鎖したかつてのブラック・イーグル・ブルワリーを再開発した複合施設であり，2010年に完成した。「トゥルーマン」の名はブラック・イーグル・ブルワリーの所有者であったトゥルーマン家にちなんでいる。現在のオールド・トゥルーマン・ブルワリーは，大規模ブルワリーの建物と敷地を活用し建設され，カフェやバーなどの飲食店，ブティックや古着屋，レコード店，ライブハウスやクラブ，ギャラリーなど各種イベントスペースなど多数のテナントが備わる施設となっている。また，ジムなどのスポーツ施設やボウリング場などの娯楽施設も立地している。飲食店のテナントには，典型的なイギリスのパブや高級レストランではなく，お洒落なカクテルやジン，テキーラなどのリキュールを提供するようなバーやエスニック料理を提供するレストランや屋台が入り，普段足を踏み入れることのないビール工場の雰囲気を味わいながら文化的・娯楽的アクティビティを楽しめることもあり，若者世代をターゲットとして集客することに成功している（写真2-3）。

　またスピタルフィールズでは，再開発されたマーケットやブルワリーを中心として，その周辺地域にもジェントリフィケーションが波及している。周辺の建物の最上階に設けられていたユグノーの機織工房や労働者階級住宅は高級なフラットにリノベーションされ，かつて移民向けの商店が立ち並んでいた場所はカフェやバー，ブティック，雑貨店などに変化している。17世紀に醸造所と市場が建設されたことによって発展したスピタルフィールズであるが，現在では，それら醸造所と市場の再開発によってまた新たな発展の様相がみられるのである。

3. ショーディッチの歓楽空間

　ショーディッチは，タワー・ハムレッツ区とハックニー区にまたがる地区である。シティ区の北側郊外に位置しており（図2-3），シェークスピアの劇場として有名なザ・シアターがイギリス初の劇場として1576年に建設された場所である。

その翌年にはカーテン・シアター建設がされたものの，それ以降しばらくの間とりわけ大きな発展はなかった。ショーディッチが市街地として発展してくるのも，スピタルフィールズと同様に17世紀に移入してきたフランス人ユグノーがもち込んだ絹織物業と家具工業に従事する労働者の居住地となってからである。

写真2-4　ショーディッチのカフェに集う人々
（2018年8月筆者撮影）

19世紀には，多くの劇場やコンサートホールも建設され，西のウェスト・エンド地区に並ぶエンターテイメントの空間が形成され繁栄をみせた。しかし，安価な外国製品の流入により織物産業や家具製造業が斜陽化すると，19世紀の終わりには早くもエンターテイメント空間は衰退をみせはじめた。その後，20世紀にかけてこの地域は，犯罪や貧困がはびこる荒廃地区へと変化していった。

　第2次世界大戦後は復興政策により周辺部に公共住宅が建設されていたが，ショーディッチは相変わらず荒廃地区として手つかずのままであった。1960年代から70年代にかけて，そのような退廃的な雰囲気をもたらした社会体制に抗う若手の芸術家やロックミュージシャンが活動しはじめ，彼らによるパフォーマンスやライブが空き家や地下室を会場として行われるようになった。また，当時あまり公然のものではなかったゲイやレズビアンの人々も受け皿を求めて流入した。そのようにして，ショーディッチはロンドンにおけるアンダーグラウンド文化の中心地の1つとなった。

　しかし，1980年代後半より状況が変化した。反体制な雰囲気やアンダーグラウンドな雰囲気は次第に薄れ，ポップアートやクラブでのパーティーを楽しむファッショナブルな場所に変化していった。さらに2000年代に入ると，交通条件の向上や地価の安さから若手ベンチャー企業のほか，IT関係企業が立地するようになった。それにより地域の商業施設も変化し，ギャラリーやライブハウスなどの間に，そのような企業に勤務する流行に敏感な高所得の若年独身者，いわゆる「ヒップスター」たちが利用するコーヒーショップやシリアル・カフェ，ベジタリアン・カフェなどの専門店も立ち並ぶようになった（写真2-4）。さらに，彼らが勤務後に立ち寄る盛り場としての高級なモダン・ブリティッシュ料理を提供する

レストランやクラフト・ビールを提供するバーなども立地するようになった。そのようなファッショナブルな雰囲気は地元の若者たちや観光者も引きつけており，昼夜問わず賑わいがみられる。

4. 歓楽空間からみるロンドン

　ロンドンの観光都市としての特徴は，テムズ川の流れとその恩恵とともに歴史の重層性の上に成り立っているだけでなく，中心となる地域が都市の開発とともに移動することにあった。そのような状況のなかで，伝統的な歓楽空間としてのロンドンは，ウェスト・エンド地区周辺のコヴェント・ガーデン，レスター・スクエア，ストランドといった地域である。これらの地域は，かつてのアングロ・サクソン人たちが築いたルンデンウィックや，ローマ人のロンディニウムを起源とするシティの西側に位置する。そこはロンドンの都市としての始まりであるシティ区と，行政の中心として形成されたウェストミンスター地区とに挟まれた都市の空白地帯であり，劇場や映画館に加えて飲食店やパブなどが立ち並び，さまざまな欲望や享楽を飲み込む歓楽空間として発展した。そこでは，多様な人々が交わり，多様な文化を育んできた。

　しかし，近年では新たな歓楽空間がシティ区を挟んだ東側にも広がりをみせつつある。それはかつての港湾機能の中心であったドックランズ地区やそこに勤務する労働者の居住地であったイースト・エンド地区である。それらの地区もやはり第2次世界大戦後に港湾機能が衰退したことにより，都市の空白地帯となってきた場所である。そのような地域が再び注目され，歓楽空間として発展してきている。このように，ロンドンは内部に抱える衰退した地域を再開発し，都市空間の機能を新陳代謝しながら，グローバルな観光都市として発展を続けている。

◎参考文献
クラウト，H.編，中村英勝監訳(1997):「ロンドン歴史地図」東京書籍.
森　正人(2012):『英国風景の変貌−恐怖の森から美の風景へ−』里文出版.
Aftab,I.(2006):The spatial form of Bangladeshi community in London's East End.Space Syntax 5th International Symposium:129-144.
Poynter,G.ed.(2015):*The London Olympics and Urban Development*.Routledge.
Pryor,F.(2010):*The Making of the British Landscape*.Allen Lane.

（飯塚　遼）

ルーラルツーリズムとしての ウィスキーツーリズムからみた スコットランド・クライゲラヒ村

第**3**章

1. スコットランドにおけるウィスキー製造の歴史的展開

　スコットランドのウィスキー製造の起源は，アイルランドの宣教師が12世紀頃にキリスト教とともに蒸留技術をもち込んだことに由来する。当時，錬金術のために蒸留が行われ，その技術を応用してウィスキーが造られた。ウィスキーは，ゲール語で「命の水」を表す「ウィシュク・ベーハ(Uisge Beatha)」が転訛したものであり，当時は嗜好品としてよりは滋養強壮剤としての性格が強く，修道院において薬として独占的に製造されていた。寒さの厳しいスコットランドでは，アルコール度数の高いウィスキーが，体を温めるのに適しており，原料の大麦栽培もスコットランドの冷涼な気候に適応していたため，ウィスキー蒸留はすぐにスコットランド中に広がった。

　16世紀になると，宗教改革による修道院の解散により蒸留技術が一般の農家に普及し，ウィスキーが嗜好品として自家蒸留されるようになった。さらに，ウィスキー製造は地場産業として発達するようになり，ウィスキーの販路がヨーロッパ中に拡大した。1603年にスコットランド王ジェームズ6世が，イングランド王ジェームズ1世として即位し，イングランドとスコットランドの間に「同君連合」が結成されると，スコットランドはイングランドの属領となった。これを契機にして，イングランドはスコットランドに対して圧政を強いるようになり，その影響はウィスキー製造にも及んだ。1644年にはウィスキーに対する課税が初めて行われ，1707年にイングランドに併合されると，課税はますます強化された。また，1745年にスコットランド独立を目指すチャールズ・エドワード・スチュワートを中心とする「ジャコバイトの乱」が起きると，イングランドはスコットランド人のアイデンティティであるタータン・キルトやバグパイプの使用までも禁止するようになった(邸・三島，1997)。

　そのようなイングランドの圧政に反発したウィスキー製造家たちは，僻地であるスコットランド北部のハイランドやスペイ川流域の山間部に逃れ，そこで密造

を行うようになった。山間部には，モルト（麦芽）の焙燥とウィスキー独特の香りづけに欠かせない上質のピート（泥炭）と，ウィスキーの重要な原料となる清らかな水が豊富にあり，結果としてウィスキーの質が向上した。さらに，イングランドの税吏官の目から逃れることや長期保存を目的としてウィスキーをシェリー酒の樽に貯蔵した。当時，蒸留したての無色透明の状態で飲まれていたウィスキーは時間を経ることで熟成され，樽の琥珀色や香りがつけ足されることで美味になった。イングランドにおける密造ウィスキーの絶大な人気によって，蒸留所は産業として存続することができた。このような幸運により，今日のウィスキーのスタイルは密造の時代にほぼ完成した。

　酒税法が1823年に改正され，ウィスキーに対する重税が解かれると，1824年のグレンリヴェット蒸留所が政府公認第一号の蒸留所となった。その後も続々と蒸留所が正式に登録され政府公認のものとなり，その数は250か所に達した（土屋，2008）。さらに，1870年代になると，フランスでフィロキセラという害虫が蔓延し，ブドウを原料とするワインとブランデーの生産が激減した。それを契機に，ウィスキーが，ワインやブランデーを好んでいたイギリスの上流階級や中産階級の人々の支持を得るようになり，ウィスキー産業は大きく発展した。

　しかし20世紀に入ると，世界恐慌と2つの世界大戦，そして大きな輸出先であったアメリカ合衆国での1920年から1933年にかけての禁酒法によってウィスキー産業は衰退し，多くの蒸留所が閉鎖された。それでも，第2次世界大戦後のイギリスの積極的な輸出政策とアメリカ合衆国の好景気によって，スコットランドのウィスキー産業は復興し，2010年現在，約34億ポンドの輸出額を誇り，イギリスで最も重要な輸出産業の1つになっている。

2. クライゲラヒ村の概要

　本章の観光地誌の対象地域であるクライゲラヒ村は，スコットランド北東部のマリー州の中心部に位置する村落で，そこを流れるスペイ川沿岸の蒸留所の集中する地域は「スペイサイド」と呼ばれている（図3-1）。クライゲラヒ村には，その地域で製造される「スペイサイド・モルト」と呼ばれるウィスキーを求めて多くのウィスキー愛好家や観光者が訪れている。

　クライゲラヒ村の歴史は1750年代にまでさかのぼる。当時，クライゲラヒ村

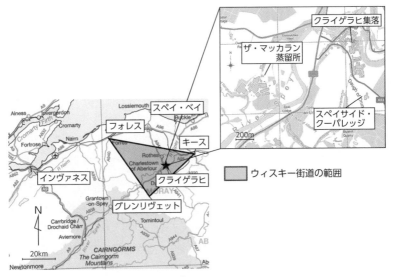

図3-1　クライゲラヒ村とウィスキー街道の範囲
　　　（National Library of Scotland 地図に加筆）

にはスペイ川の水運を利用して，ビール醸造やレンガ生産といった産業が発達し
ていた。一方，ウィスキー蒸留には重税がかけられていたため，一部の事業者に
よってウィスキーの密造が行われていた。1823年の酒税法改正によって，ウィ
スキー蒸留への重税が解除されると，正式に蒸留所として登録する事業者が急増
し，ウィスキー産業が大きく発展した（邸・三島，1997）。さらに，マリーシャ
ー鉄道が1852年に開通し，ストラススペイ鉄道も1863年に営業を開始すると，
クライゲラヒはその2路線の結節点として交通や物流の要所としても機能するよ
うになり，スペイ川の水運は鉄道にとって代わられるようになった。第2次世界
大戦後，イギリス各地で都市が経済発展する反面，遠隔農村のクライゲラヒ村で
はビール醸造もレンガ生産も衰退した。その結果，マリーシャー鉄道が1968年に，
ストラススペイ鉄道も1971年に廃止され，クライゲラヒ村は交通の結節点とし
ての機能を失い，農村地域の小さな中心地としての機能を残すだけとなった。し
かし，地域に根差したウィスキー産業は，政府の輸出政策と相まって，発展を維
持することができた（ヒューム・モス，2004）。2001年現在，クライゲラヒ村は
人口422，世帯191の村落であり，基幹産業はウィスキーの製造業であり，その
他は農牧業と観光業などである。

3. クライゲラヒ村におけるウィスキーツーリズム資源

1. マッカラン蒸留所

　クライゲラヒ村には，世界的に有名な「スペイサイド・モルト」を製造するマッカラン蒸留所がある（写真3-1）。そこで造られるウィスキーは，イギリスの老舗百貨店ハロッズのウィスキー読本で「シングルモルトのロールスロイス」と讃えられ，この蒸留所を訪れることがウィスキー愛好家にとってのステータスとなっている（邸・三島,1997）。マッカラン蒸留所は，集落からスペイ川を挟んだ対岸の丘陵の約150haの所有地に立地している（図3-1）。その広大な所有地では，原料の大麦栽培のほか，羊と牛の放牧が行われている。マッカラン蒸留所は，農家であったアレクサンダー・リードが1842年に蒸留の許可を得たことで創業され，蒸留所の名はかつて存在していた修道院のマッカラン教区の名に因んでいる。2010年現在，生産量は約70万ケースであり，スコットランドではグレンフィディック蒸留所に次いで生産量第2位のシングルモルトの蒸留所になっている。

　マッカラン蒸留所のビジターセンターでは，ガイドによる有料の蒸留所ツアーが行われており，蒸留所内部を見学することができる。所要時間は，全体で1時間程度であり，10人程度までの少人数ツアーであるため，予約制となっている。ツアー料金は8ポンドであり，一般のツアーの行程に加えてテイスティングやブレンディングの講習が受けられる20ポンドのプレシャス・ツアーもある（2011年3月現在）。蒸留所ツアーは，ヨーロッパやアメリカ，日本からの中高年層の参加者が中心となっている。ツアーでは，初めに展示室において蒸留所の歴史とウィスキーの歴史，そしてウィスキーの原料と製造方法についての説明があり，ウィスキー製造の概要がひと通り把握できる。展示についても原料の実物に触れたり，香りを嗅いだりすることができ，ウィスキー製造をより実感できるものとなっている。その後，ツアーは実際に使われて

写真3-1　マッカラン蒸留所
　　　　　（2011年3月筆者撮影）

いる製造ラインを見学する。まず，醸造施設において麦汁を糖化させるマッシュ・タン(糖化槽)，糖化した麦汁をアルコール発酵させるウォッシュバック(発酵槽)を見学し，その後で蒸留施設を見学する。蒸留施設内部のポットスティル(蒸留器)は，大きさや形状が蒸留所によって異なり，それがその蒸留所で造られるウィスキーの味わいにもつながるため，蒸留所見学の大きな見どころとなる。

　蒸留施設の見学後，再び展示室に戻り，ウィスキーの芳醇さを味わうために必要な香りの説明を受け，化学的に調合された見本によって実際にその香りを体験する。その後，カスク(樽)についての説明があり，カスクの材料や造り方の展示を見学する。マッカラン蒸留所のカスクは，スペイン・ガリシア地方で造られるシェリー酒用のカスクで，シェリー酒を3年間貯蔵した後のものであるということが特色であり，それが，マッカラン蒸留所のこだわりとなっている。カスクについての知識を得て，ウィスキーの貯蔵庫を見学する。企業秘密や防犯上の理由から現在使用されている貯蔵庫は見学できないが，ツアー用に保存してあるかつての貯蔵庫を見学することができる。最後にビジターセンターに戻って，ウィスキーを試飲してツアーは終了する。このように，マッカラン蒸留所での見学ツアーは真正性を重視しており，実際に使われている製造ラインが見学可能であることや，ガイドの説明が受けられること，展示においても本物の原料やカスクなどを用いることによって，ビジターが五感を働かせながらウィスキー製造について学ぶことができるようになっている。

2. スペイサイド・クーパレッジ

　スペイサイド・クーパレッジは，イギリスでも数少ない伝統的な工法のカスク工場であり(写真3-2)，クライゲラヒ村の南東部に位置している。この工場では，新たなカスクを生産しているほか，使われたカスクの修理と植木ポットや家具などへのリサイクルも行っている。工場の創業は1947年で，現在まで3代にわたってテイラー家が経営している。創業当時，多くのウィスキー蒸留所では，蒸留所つきのカスク職人がカスクの入手や製造，修理を行っていた。しかし，第2次世界大戦後のウィスキーの輸出増大にともなう蒸留所の生産拡大により，カスク職人の数が不足するようになった。そのため，カスクの製造，修理を一手に引き受けるスペイサイド・クーパレッジが大きく成長するようになり，現在ではスコットランドだけにとどまらず，海外との取引も多い。質の良いオークのカスクは

アメリカ合衆国のミズーリ州，ケンタッキー州，テネシー州などから定期的に買いつけられている。

　スペイサイド・クーパレッジでは年間約10万樽のカスクを生産しており，そのうち新造のものは2,000樽程度で，ほとんどがリユースの修理である。また工場には，

写真3-2　スペイサイド・クーパレッジ
（2011年3月筆者撮影）

ビジターセンターが併設されており，スコットランドにおけるカスク職人の歴史や仕事，カスクの材料や生産工程などが展示されている。ギャラリーからは，職人たちが実際に働いている様子をみることができる。ビジターセンターには，カスクをリサイクルした土産物を購入できる売店のほか，カフェも併設されている。カフェには，カスクを使ったテーブルとイスが置かれ，カスクで造られた遊具の並ぶ庭をみながら，地元食材のランチを楽しむことができる。スペイサイド・クーパレッジは，スコットランド観光局の5つ星観光地に指定されている。また，世界的に有名なイギリスのWhisky Magazineの発行元であるパラグラフパブリッシングが主催する「アイコンズ・オブ・ウィスキー」のコンテストにおいて，2011年のビジター・アトラクション・オブ・ザ・イヤーにも選ばれている。

3. ホテルとパブ

　クライゲラヒ村には，ウィスキー愛好家にとって有名なホテルやパブがあり，それを目当てにウィスキー愛好家だけでなく多くの観光者も訪れる。クライゲラヒホテルは，1893年に建てられた古き良き趣のある4つ星ホテルである。部屋は26室あり，室内はリフォームがなされているが，調度品はアンティーク調で統一されていて創業当時の雰囲気が色濃く残されている。クライゲラヒホテルの魅力は，レストランでのディナーとスペイサイド最大のボトルのストック数を誇るパブにある。ディナーは予約制となっており，グランピアン地方のシェフ・オブ・ザ・イヤーの受賞経験やスペイサイドでの料理コンペの優勝経験のあるシェフが地元産のサーモンや牛を使った料理を提供している。

　一方，ホテルのパブでは，約700本ものウィスキーのボトルが壁面に並べられており，そこから自分の好みのものを選んでバーマンに渡すシステムとなってい

写真3-3　クライゲラヒホテルのパブ
（2011年3月筆者撮影）

る。同じ銘柄でもさまざまな年代のものが揃えられており，グラス1杯約3ポンドのものから，100ポンド以上するものまである。値段はボトルの裏面に書かれているため，客は実際にボトルを手に取り，飲まなくともヴィンテージ・ウィスキーのボトルに触れることができる。パブの室内はキャンドル照明で，ゆったりとしたソファが備えつけられ，静かにゆっくりとウィスキーを味わうことができる（写真3-3）。以上のことがこのパブの魅力となっている。

　クライゲラヒ村にあるもう1つのホテルがハイランダーインである。ハイランダーインには5室の客室と2棟のコテージがある。このホテルにもグレート・ウィスキー・バーズ・オブ・ザ・イヤーの金賞を受賞しているパブがあり，観光者の人気の的となっている。ハイランダーインのパブの特徴は，クライゲラヒホテルのパブとは趣が異なり，多くの地元住民も訪れることである。夜8時頃になると，40人ほどの席はすべて埋まり，観光者と地元住民が，まるで知り合いのようにお酒を酌み交わしながら談笑している。このようなアットホームな雰囲気がこのパブの大きな魅力となっている。

　さらに，クライゲラヒ村には宿泊施設として3軒のB&Bが立地し，集落東側のフィディック川沿いには，フィディックサイドインというカウンターとベンチのみの小さなパブも立地している。フィディックサイドインは，ブランディ家が90年以上にわたって経営してきたパブで，90歳を超えるジョー・ブランディ氏がマスターをしている（2011年現在）。このパブの客のほとんどは地元の常連客であり，朝と夜の2回来店する人もいる。また，そのような常連客はマスターや他の常連客との会話を楽しみに来店しており，フィディックサイドインは地域の社交場としての役割も担っている。

4. ウィスキー街道とスペイサイド・ウェイ

　キース，フォレス，グレンリヴェットを頂点とする一辺約40kmの三角地帯の農村地域を通る国道沿いには約50か所のウィスキー蒸留所が立地しており（図

写真3-4　ウィスキー街道の案内板
（2011年3月筆者撮影）

写真3-5　スペイサイドの景観とスペイサイド・
ウェイ（2011年3月筆者撮影）

3-1），それらの国道はウィスキー街道（Malt Whisky Trail）と呼ばれている。ウィスキー街道沿いには，一般の道路標識に加えて，近くの蒸留所や観光スポットを紹介する標識が設置され，車で蒸留所めぐりを楽しむ観光者に対して配慮がなされている（写真3-4）。クライゲラヒ村は三角地帯の中心に位置し，宿泊施設やパブが充実していることから蒸留所めぐりの拠点となっている。

　一方，スペイサイド・ウェイは，スペイ川沿いにケアーンゴルム山脈の麓の町アヴィモアと河口のスペイ・ベイを結ぶ全長約105kmの農村散策路（トレイル）である。そのトレイルのうちクライゲラヒ村付近では，クライゲラヒ村と隣接するアベラワ村までの片道約2.5kmを往復することが，半日で気軽に楽しめるウィスキーツーリズムと農村観光のコースとなっている（写真3-5）。

　トレイルは，ストラススペイ鉄道の廃線跡を利用して造られており，道中にはトンネルや鉄橋，標識などが残され，ウィスキー製造全盛期の産業遺産でもある。また，トレイルは牧歌的な農村景観を楽しむために利用するだけでなく，地元の人々の生活路としても利用されている。アベラワ村には，鉄道駅舎が残されており，スペイサイド・ウェイのインフォメーション・センターとなっている。さらに，駅の正面には，「マッシュ・タン」という歴史あるステイション・パブがあり，ランチタイムには数日かけてトレイルを歩くバックパッカーや散策する観光者，および地元住民で賑わう。観光者の多くは，パブで地元の郷土食やビール，ウィスキーを楽しんだ後は，アベラワ村のアベラワ蒸留所や集落にある工芸品ギャラリー，農産物直売所などを訪れ，再びトレイルを通って牧歌的な雰囲気を味わい

ながらクライゲラヒ村に戻る。

　このように，ウィスキー街道は，主に自動車を利用して広範囲に蒸留所を巡るためのトレイルであり，スペイサイド・ウェイは，歩きながらゆっくりとスペイサイドの自然や文化，および牧歌的農村景観と地元住民との触れ合いを楽しむためのトレイルである。つまり，ウィスキー街道は蒸留所を結ぶ点と点の移動ルートであるが，スペイサイド・ウェイは蒸留所を含めた村としての面と面とを結ぶ移動ルートになっている。

4. クライゲラヒ村におけるウィスキーツーリズム

　クライゲラヒ村におけるウィスキーツーリズムには，蒸留所，カスク工場，ホテルやパブ，スペイサイド・ウェイやウィスキー街道という4つの観光資源が存在していた。まず，マッカラン蒸留所では，ウィスキー製造に対する理解を深める役割だけでなく，「ザ・マッカラン」というブランドによって世界中からクライゲラヒ村に観光者を惹きつける役割を担っていた。そこで観光者は，ガイドの案内によって知識を深めながら，マッシュ・タンから出てくるモルトの香りや熱気，スティルポットで蒸留する音など，蒸留所に行かなければ味わうことのできない体験を楽しむ。スペイサイド・クーパレッジは，カスクの生産や修理というウィスキー製造のもう1つの伝統的側面にスポットを当てる役割を担ってきた。スペイサイド・クーパレッジでの体験を通じて，観光者はカスク職人の仕事についての知識やウィスキー製造が地域のほかの産業と結びついて成立していることを理解する。

　ホテルとパブに関しては，ホテル内のパブの役割がクライゲラヒ村におけるウィスキーツーリズムにとっては重要であり，そこでは，観光者と地元住民との交流を促す役割とともに地元住民のコミュニティスペースとしての役割も担われていた。観光者は地元住民との交流を通じて，地元住民と同じ目線でウィスキーを楽しむことができる。つまり，観光者は地元住民の日常生活のなかでウィスキーがどのような存在であり，どのように飲まれているのかを体験することができる。実際，筆者はハイランダーインのパブにおいて地元の常連客から，地元の人々は「ウィスキーにスペイ川の水を入れて飲んでいる」ことや「ビールをチェイサーにしている」ことなどを教えてもらった。このような見識は，地元住民との交流が

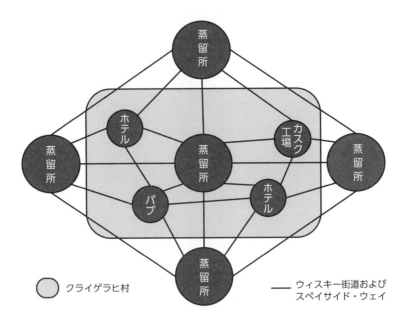

図3-2　クライゲラヒ村におけるウィスキーツーリズムの構造

なければ得られないものである。そして，観光者と地元住民が交流できる環境が
醸成されていることは，地域文化の理解を深める上でも重要である。その一方で，
性格の異なるパブが立地することによって観光者と地元住民の両方に選択の余地
をもたせていた。観光者と地元住民が交流をもつということは，観光者が地域コ
ミュニティに踏み入るということでもある。そのような場合に観光者と地元住民
との間にコンフリクトが生じることも考えられ，地元住民の観光者に対するスト
レスを和らげる意味においても，地元の常連が集まるフィディックサイドインは，
地元住民にとってのある種の避難所としての存在意義があるといえる。

　さらに，それらの観光資源を結ぶ役割を担っているのがウィスキー街道とスペ
イサイド・ウェイである。ウィスキー街道は，自動車を利用して広範囲に移動す
るためのルートとしての性格が強く，蒸留所を中心に点と点を移動し，マクロな
視点から自然や農村の景観を楽しむものであった。一方，スペイサイド・ウェイ
は，歩きながら蒸留所を含めたミクロな地域の自然や農村の景観を楽しむだけで
なく，地域の生活文化や地元住民との交流も楽しむため，観光資源やそれらの楽
しみを内包する地域(面)と地域(面)で結びつけている。

以上に述べてきたクライゲラヒ村におけるウィスキーツーリズムの構造を模式的に表現したものが図3-2である。これによれば，観光資源を人々が集まる結節点として捉えると，観光者が訪れる大きな結節点としての蒸留所があり，それに付随する結節点としてホテルやパブ，カスク工場が存在する。また，ウィスキー街道やスペイサイド・ウェイがそれらの結節点を結びつけるパスとなっている。そのような結節点の有機的な結びつきが，人々の観光行動を促進させ，クライゲラヒ村におけるウィスキーツーリズムや農村観光を支えるものとなっている。とりわけ，いずれの観光資源においてもウィスキー製造を通じた伝統的な生活文化や農村社会，スコットランドの牧歌的な景観といった要素が背景にあり，ウィスキーツーリズムを構成する要素の結びつきは安定的なものとなる。さらに，クライゲラヒ村が外部の結節点とウィスキー街道やトレイルで結びつくことにより，観光資源のネットワークがより広範囲に拡大し，ツーリズムの影響が及ばなかった地域にも補完的に影響が及ぶようになる。このことは農村観光の広域化にもつながっている。

◎参考文献

土屋　守(2008)：『スコッチウィスキー紀行』東京書籍.

ヒューム，R，J・モス，M，S．著，坂本恭輝訳(2004)：『スコッチウィスキーの歴史』国書刊行会.

邸　景一・三島　叡(1997)：『旅名人ブックス2　スコッチウイスキー紀行−モルトの故郷を歩く−』日経BPコンサルティング.

McBoyle，G.(1996)：Green tourism and Scottish distilleries.Tourism Management 17(4):255-263.

Scotch Whisky Association.(2011)：*Scotch Whisky and Tourism.*

（飯塚　遼）

第4章 ルーラルツーリズムからみる イギリス縁辺農村
－ウェールズ・ガワー半島のスランマドック村を中心にして－

1. ウェールズ・ガワー半島における農村地域

　ウェールズは，連合王国イギリスを構成する国の1つであり，グレートブリテン島南西部に位置している。ウェールズの公用語は，英語に加えて，ケルト諸語に属するウェールズ語である。2011年のセンサスによれば，ウェールズの人口の約30％がウェールズ語を話し，人口の約70％がウェールズへの帰属意識をもっている。このことから，ウェールズ語の話者としての旧住民と，ウェールズ語を話せない新住民との対立や隔絶が文化的にみられ，それが混住化社会の問題の基盤になっている。とりわけ，ガワー半島は交通の至便性によりイングランドからの流入者が多く，農村における混住化が典型的にみられる地域である。ガワー

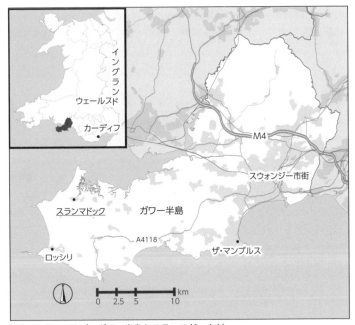

図4-1　ウェールズ・ガワー半島とスランマドック村

半島はウェールズの南部に位置し(図4-1)，ヴィクトリア朝以来の景勝地として知られ，1956年にはArea of Outstanding Natural Beauty(AONB)に指定された。今日では，半島の土地の約10%がSpecial Protection Areas(SPAs)やラムサール条約などの指定を受け，さらに土地の約30%が地域の自然保護地域などに指定されている。このように，ガワー半島は，良好な自然環境や景観を有し，それらの資源が新住民の流入の大きな動機づけになっている。

　半島のつけ根にあたる地域には，カーディフに次ぐウェールズ第2の都市スウォンジーが立地している。スウォンジーは，南ウェールズ炭田の西端に位置し，ウェールズにおいて最も早くに工業化を進めた都市でもある。その後，銅鉱山が近いことから，スウォンジーは19世紀には銅精錬の中心となった。現在では鉱業が衰退したが，臨海部の再開発と高速道路M4を基盤にして，ハイテク産業が集積し，スウォンジーは新たな工業の中心になっている。ガワー半島は，行政上，スウォンジー市街を含むスウォンジー市(city & county)に属している。国家統計局によると，スウォンジー市の66%が農村地域であり，34%が都市地域である。スウォンジー市の人口は，2013年現在，約24万人であるが，その多くは都市地域に居住している。

　ガワー半島の主要部は，スウォンジー近郊の農村地域に当たり，伝統的な牧羊業とともに，野菜生産を中心とする近郊農業が盛んである。そして，ガワー半島の農村はスウォンジー市街に居住する都市通勤者にとって，あこがれの居住地にもなっている。これは，魅力的な自然環境や景観の存在とともに，スウォンジーへの近接性の高さが背景にある。したがって，セカンドハウス(週末型別荘)の増加や高齢者の流入がガワー半島の農村地域で多くみられ，混住化が進展している。ちなみに，スウォンジー市以外のイングランドやウェールズに主な居住地を有する者で，スウォンジー市に第2の居住地をもつ者は6,146人であり，スウォンジー市の通常人口に対するその比率は，ウェールズ全体の比率より高くなっている(2011年センサス)。また，この6,146人のうちの20%弱が休暇目的でスウォンジー市に第2の居住地を有しており，ガワー半島が一時的な居住地として選択されていることがわかる。

　本章で観光地誌の対象となるスランマドック(Llanmadoc)村は，ガワー半島の北西部，スランマドック丘陵の北麓に位置し(図4-1)，Cwm Ivy(クーム・アイビー)からLlangennith(スランゲニス)に至る古代からの道路に沿って家屋が

列状に立地する。2011年現在，人口は882人，世帯数は344戸である。センサスによると，2001年から2011年にかけて，専門職に就くサービスクラス(ホワイトカラー)の人口に占める比率は，34.8%から48.8%と大幅に増加している。このことは，サービスクラスに代表される都市住民が農村に多く流入していることを示している。

2. ガワー半島の混住化の動向と地域への影響

　ガワー半島の観光化と関連している混住化の動向を明らかにするため，農村における流入人口の割合をセンサスに基づいて分布図に示した(図4-2)。これによれば，人口流入の割合はガワー半島の東部と西部，および南部で高いことがわかる。特に，東部ではスウォンジー市街地への高い近接性により，人口に占める流入人口の割合は10％以上と高く，近郊農村への居住が一般化していることを物語っている。同様に，西部や南部も流入人口の割合が5％以上と高い。これは，良好な自然環境や景観に基づく地域の魅力が吸引力となっており，ガワー半島の景勝地を中心にして，流入人口の割合が10％以上になっている地域も少なくない。他方，人口流入の割合の低い地域が半島の中部や北部に展開している。これらの地域は丘陵地や干潟・湿地帯であり，良好な自然環境や景観を有しているが，インフラストラクチャーの整備や開発が遅れている。したがって，セカンドハウス

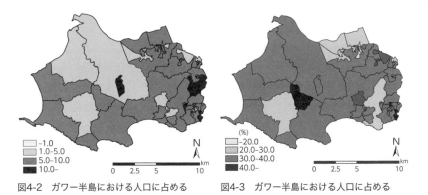

図4-2　ガワー半島における人口に占める
　　　　流入者の割合(2001年)
　　　　(UK Census 2001より作成)

図4-3　ガワー半島における人口に占める
　　　　サービスクラスの割合(2001年)
　　　　(UK Census 2001より作成)

の開発や農村居住も低調である。

　次に，ガワー半島の混住化の社会的様相を明らかにするため，人口に占めるサービスクラスの割合の分布図を示した(図4-3)。サービスクラスは管理職や専門職など高度な都市的産業に従事する人々であり，この地域の伝統的な農業や牧畜業の従事者とは異なる社会階層に属している。1990年代までサービスクラスの占める割合は全体として20％以下と

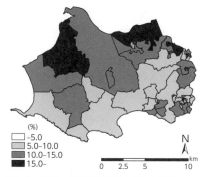

図4-4　ガワー半島における人口に占める
　　　　ウェールズ語話者の割合(2001年)
　　　　(UK Census 2001より作成)

低かった。このことから，ガワー半島が伝統的な農村地域としての性格を強くしていたといえる。しかし，スウォンジーの近郊ではサービスクラスの人口の割合が高くなりつつある。その結果，サービスクラスの人口の割合はほぼ全域で30％以上になっている。さらに，サービスクラスの人口が30％以上の地域は流入人口の高い地域ともほぼ一致している。つまり，サービスクラス人口の流入が農村の混住化の重要な営力になる。

　最後に，ガワー半島における混住化の文化的様相を明らかにするため，人口に占めるウェールズ語話者の割合を分布図に示した(図4-4)。ウェールズ語はウェールズにおいて日常的に用いられていた言語の1つであり，ウェールズの文化的アイデンティティを示すものでもある。現在でも，道路標識や案内板は英語とウェールズ語が併記されている。図4-4によれば，2001年におけるウェールズ語話者の人口に占める割合は半島北部において高く，ウェールズの文化的属性が残存している。ウェールズ語話者の人口に占める割合が高い地域は，主にウェールズ語教育の成果を反映していた。その一方で，ウェールズ語話者の旧住民とウェールズ語非話者の新住民(主にイングランドからの流入人口)との文化的な隔絶や対立が目立つようになり，それが農村の混住化にともなう諸問題の根源になっている。

　以上に述べてきたように，ガワー半島の農村における混住化は，進展する南部とあまり進まない北部とに地域分化している。これは，干潟・湿地帯が広く展開する地形的な条件と，良好な自然環境や景観に基づくレクリエーション活動への

良好なアクセスなどを反映している。他方，社会階層の観点で農村の混住化をみると，サービスクラスの居住が良好な自然環境や景観に基づいて，ガワー半島全体で増加する傾向にある。しかし，ウェールズ語話者の分布でもわかるように，混住化の進展にもかかわらず，地域分化が根強く残存している。例えば，ガワー半島西部地域では，サービスクラスの人口とウェールズ語話者の割合がともに高く，新住民の文化的特性と旧住民の文化的特性が衝突(コンフリクト)している。そのような衝突がみられる地区の1つにスランマドック村がある。スランマドック村では，旧住民と新住民との対立や隔絶を和らげる中枢的施設(central establishment)を設けてコミュニティビジネスを始めた。以下では，コミュニティビジネスの成立・発展とともに地域コミュニティがどのように変容し，そのことが観光地化にどのように貢献したのかを検討する。

3. スランマドック村における地域コミュニティの変容

　近年，地域が抱える問題を地域住民が中心となって解決していく方策として，コミュニティビジネスを立ち上げる例が世界中の国々でみられる。コミュニティビジネスとは，経済産業省関東経済産業局によると「地域資源を活かしながら地域課題の解決をビジネスの手法で取り組んでいくものであり，地域の人材やノウハウ，施設，資金を活用することにより，地域における新たな創業や雇用の創出，働きがい，生きがいを生み出し，地域コミュニティの活性化に寄与するもの」とされる。ウェールズでは1960年代より，商業サービスや社会サービスの衰退，いわゆるデプライベーション(Cloke et al 1998)が大きな問題となっている。このような地域的な課題を解決する手段として，コミュニティビジネスが注目されてきた。例えば，デンビーシャー州のスランアルモン・イン・イアル村やレクサム州のミネラ村では，閉店していたパブを住民が買い取り，住民自ら経営を行っている。また，カマーゼンシャー州のドリスリン村では，郵便局と食料雑貨店を維持するために住民がNPOを立ち上げ，自らがボランティアとして勤務するという例もみられる。これらのコミュニティビジネスの取り組みは，単なる経済的な効果を生み出すだけではなく，地域の雇用創出や高齢者の生きがい創出，コミュニティ活動の活性化といった非経済的な側面の活性化にも役立っている。

　スランマドック村(写真4-1)の地域的な課題は，人口の流入にともなうジェン

トリフィケーションの進展によってコミュニティが二分化し、旧住民と新住民の対立や隔絶の構図が明確になっていることである。また、新住民のセカンドハウスが増加することにより、住民が常住しないゴーストビレッジ化が農村景観の劣化にもつながっている。さ

写真4-1　ガワー半島スランマドック村
（2013年9月菊地俊夫撮影）

らに、スランマドック村は近隣中心地までのバスの本数の減少や商業施設の不足といったデプライベーションの問題も抱えていた。これらの地域的な課題を解決するため、コミュニティビジネスが展開するようになった。ここでは、スランマドック村でのコミュニティビジネスとしてのコミュニティショップの展開を検討し、コミュニティショップの経営協力を通じて地域コミュニティがどのように変容したのかを明らかにする。

　スランマドック村のコミュニティショップ開設の発端は、郵便局兼食料雑貨店が2004年に閉店したことであった。当時、スランマドック村の商店はその食料雑貨店のみであり、食料雑貨店の閉店は村の商業サービス自体の廃止を意味していた。そのため、商業サービス廃止に危機感を抱いた住民が中心となり、新たな食料雑貨店の開業に向けたプロジェクトが始動した。住民の有志は会議を重ね、住民自ら株主となることで開業資金を集め、生活協同組合として店舗を経営していくことを決めた。つまり、コミュニティビジネスの形態をとることで、地域住民を巻き込みながら食料雑貨店を再び開業し、それを維持していくことになった。このプロジェクトは、ほかの新住民や旧住民にも受け入れられ、全住民の98%が株主となり、約6,000ポンドの資金が集まった。また、Wales Co-operative Centreの協力により、地域のコミュニティビジネスは郵便局やウェールズ政府からの助成金も得た。店の建物は住民個人が所有していた納屋を借り受け、2007年に村のコミュニティショップとして開業にこぎつけた。

　コミュニティショップでは、地産地消やフェアトレードを心がけた品揃えを目指しており、スランマドック村をはじめとして主にガワー半島で生産された野菜や食肉が陳列されている（写真4-2）。また、村の住民手作りのケーキやお菓子や工芸品なども販売されている。それらのケーキやお菓子は、併設されたカフェで

写真4-2　スランマドック村のコミュニティショップにおける店内の様子（2013年9月菊地俊夫撮影）

写真4-3　コミュニティショップに併設されたカフェ（2013年9月菊地俊夫撮影）

味わうことができる（写真4-3）。カフェは，ガワー半島のトレッキングを楽しむ観光者のみならず，地元の住民たちも利用する憩いや談笑の場ともなっている。コミュニティショップの従業員は，すべて住民による無償ボランティアであり，約30人の村民が交替で勤務している。そのため，コミュニティショップでの計上された利益は，運営費を除いてすべて基金化され，村の事業に利用されている。

2013年にはウェールズ政府とスウォンジー市からの助成金により，新築の店舗に移転した（写真4-4）。新店舗には車いす対応のスロープやトイレが設置され，バリアフリー化が図られたほか，駐車スペースも拡充された。また，夕方以降はコミュニティスペースとなり，住民の会合やクラブ活動に利用されている。カフェスペースも，ガワー半島の自然資源として重要な干潟の眺めを望みながらティータイムを楽しむことができる。観光者にとっては，スランマドック村の雰囲気を楽しむことのできる観光資源としてのカフェである一方で，地元の住民たちにとっては買い物のついでに立ち寄り，世間話をするいわば「井戸端」のような役割をもつカフェとなっている。地元住民の利用客からは「地元の人たちだけではなく，観光者と触れ合えるのが楽しい」，「みんなに会えるから，ほぼ毎日来ている」といった声が聞かれた。つまり，人とのコミュニケーションを楽しみとして地元住民はカフェを利用している。そして，カフェでは地元住民と観光者とが触れ合い，自然に地元住民が観光者にとってのインタプリターとしての役割を担えるようになっている。このように，スランマドック村のコミュニティショップには住民が集まるような仕掛けが組み込まれている。

スランマドック村のコミュニティ
ィショップは，地域が抱えるコミ
ュニティの二分化やフード・デザ
ート，およびデプライベーション
や高齢化といった問題を住民自ら
が経営に携わることで解決する機
能をもっている。さらに，単なる
商店としての役割だけではなく，
住民たちが気軽に集まることので

写真4-4　スランマドック村におけるコミュニティ
　　　　ショップ
　　　　（2013年9月菊地俊夫撮影）

きるコミュニティのハブ(中心)としての役割も担っている。つまり，スランマド
ック村のコミュニティショップは，地域問題の解決を促すコミュニティビジネス
の典型的な成功事例であるといえる。さらに，スランマドック村にはコミュニテ
ィショップ以外にもコミュニティビジネスが存在している。それは，地元の女性
たちが立ち上げた土産店である。4月のイースターから10月までの土曜日のみ
開店するこの土産店では，主に近隣の住民やアーティストが自作の工芸品を販売
している。開店日が限定されているにも関わらず，近隣やイングランドからの観
光者が多く訪れている。また，コミュニティビジネスと関連して，B&Bやコテ
ージなどの宿泊施設も開業され，観光者の宿泊利用も増加している。このように，
観光者の多くが飲食や買い物でコミュニティショップを利用しており，宿泊施設
とコミュニティショップとの連携も上手くとられている。

　以上に述べてきたように，スランマドック村をはじめとするガワー半島の農村
では，都市からの人口流入の傾向が近年強くなっている。このような人口流入は，
一般に従来の旧住民と流入してきた新住民との間に対立や隔絶などのコンフリク
トの構造を生み出し，地域コミュニティの二分化によって既存のコミュニティの
破壊につながっている。また，観光地や余暇空間としての整備や発展にともない，
農家の納屋や空家を利用した週末滞在者向けのコテージやセカンドハウスが数多
く立地するようになってきている。しかし，コテージやセカンドハウスの増加は，
農村の過疎化やゴーストビレッジ化につながるだけでなく，農村機能を著しく疲
弊させ，コミュニティの存続に大きな影響を及ぼすことになる。つまり，このよ
うなコミュニティのデプライベーションの懸念がスランマドック村にも少なから
ずある。しかし，スランマドック村においてはコミュニティショップの存在が，

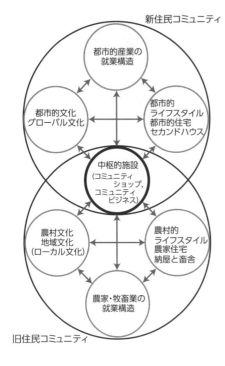

新住民コミュニティ

都市的産業の
就業構造

都市的文化
グローバル文化

都市的
ライフスタイル
都市的住宅
セカンドハウス

中枢的施設
(コミュニティ
ショップ,
コミュニティ
ビジネス)

農村文化
地域文化
(ローカル文化)

農村的
ライフスタイル
農家住宅
納屋と畜舎

農家・牧畜業の
就業構造

旧住民コミュニティ

図4-5　旧住民コミュニティと新住民コミュニティとの融和・共生モデル

そのようなデプライベーションを軽減させる役割を担っているといえる。つまり，コミュニティショップは旧住民コミュニティと新住民コミュニティの繋ぎ手として機能し，それぞれのコミュニティの社会属性やライフスタイル，および文化属性や居住景観を融合させ，地域コミュニティの二分化を抑制する働きをもっているといえる（図4-5）。

スランマドック村ではコミュニティビジネスの発展によって，地域コミュニティはさまざまに変容した。村には8軒のコテージと2軒のB&Bが立地し，それらのほかにパブや土産品を扱う雑貨店もそれぞれ1軒ずつ立地するようになった。これらの宿泊施設や商業施設は，コミュニティビジネスの波及効果によるものであり，コミュニティビジネスとの連携も密にとりながら顧客を融通しているため，経営の持続性は確かなものになっている。村のイベントとしても，毎年7月に農家や民家の庭を一般に開放するオープンガーデンが，旧住民のコミュニティと新住民のコミュニティの協力で開催されている（写真4-5）。開催日には，

写真4-5　スランマドック村におけるオープンガーデン参加民家庭の入口にオープンガーデンのグランプリ受賞のモニュメントが建てられている。（2013年9月菊地俊夫撮影）

村のそれぞれのオープンガーデンや商業施設を巡回するバスも運行され、普段は閑静な小村も賑わいをみせる。このように、コミュニティビジネス事業やコミュニティショップの発展によって、スランマドック村の地域コミュニティは、コミュニティの一体化の方向で変容し、そのことは村の観光地化にプラスの要因となって、さまざまなイベントの成功にもつながっている。

4. ガワー半島・スランマドック村の観光地誌

　ルーラルツーリズムからみたウェールズ・ガワー半島とその1つの農村であるスランマドック村の観光地誌は、イギリス農村地域における人口流入の現状を俯瞰し、新住民と旧住民との混住化にともなう農村社会の変容を明らかにするとともに、両者の衝突や対立を和らげたり解消したりする手段としてのコミュニティビジネスの役割を明らかにした。ガワー半島は高速道路の整備と相まって、ウェールズやイングランドの都市域との近接性が高まり、新住民の農村地域への流入が顕著にみられるようになった。このような新住民の流入ではガワー半島の良好な自然環境や景観が主要な誘因力となっており、そのような地域資源の観光利用の程度が新住民の割合の地域的差異を生み出している。つまり、ガワー半島の混住化は進展する南部とあまり進まない北部とに地域分化している。これは、干潟や湿地帯が広がる北部の地形条件と、良好な自然環境や景観が広がる南部との地域的差異を反映している。

　ガワー半島において、流入する新住民の多くは管理職や専門職など高度な都市的産業に従事する人々であり、伝統的な農業や牧畜業に従事する旧住民と社会階層を異にしている。加えて、新住民の多くはウェールズ語を理解できない人々であり、ウェールズ語教育を受け日常的にウェールズ語に触れる機会が多い旧住民と文化的属性も異にしている。これらの社会階層や文化属性の差異は、旧住民と流入してきた新住民との間に対立・衝突や隔絶・分離などのコンフリクトの構造を生み出し、ついにはコミュニティの二分化によって農村社会の破壊につながることもある。また、新住民の増加にともない、別荘や週末滞在型のコテージが多くなり、過疎化や農村機能の低下(デプライベーション)がガワー半島の農村地域でも顕在化している。

　農村地域の混住化にともない、さまざまな問題が顕在化しているガワー半島に

おいて，スランマドック村の取り組みは画期的である。スランマドック村では旧住民と新住民が協働してコミュニティビジネスを行うようになり，その取り組みの1つとしてコミュニティショップを経営している。コミュニティショップは農村の商業機能を補完するだけでなく，地域の農産物や加工品，あるいは工芸品を販売し，観光目的の来訪者へのサービスを提供する場にもなっている。また，コミュニティショップに併設されたカフェは，旧住民と新住民が集い，情報交換や交流の場としても機能している。つまり，コミュニティショップなどのコミュニティビジネスは農村社会のデプライベーションを軽減させる働きを担っており，旧住民と新住民のコミュニティの社会階層やライフスタイル，および文化属性や居住景観を融合させている。

　コミュニティビジネスの発展にともなう，農村社会の変容は「住んでよし，来てよし」の地域づくりの一体的な風潮を生み出し，そのことが農村地域の内発的な観光地化の素地になっている。旧住民と新住民が協働で行う地域イベントは，本来，地域住民が楽しむものであったが，いつしか観光で来訪する者も楽しむものになった。このような混住化農村の観光地化を内発的なものとして支えてきたのは，対立したり分裂したりする傾向にある2つのコミュニティを繋げる中枢的施設としてのコミュニティビジネスやコミュニティショップであった。混住化した農村社会の諸問題を解決する手段として，旧住民と新住民のコミュニティの繋ぎ手としての中枢的施設の存在が重要である。

◎参考文献

Cloke,P.Goodwin,M.and Milbourne,P.(1998)：Cultural change and conflict in rural
　Wales:competing constructs of identity.Environment and Planning A 30(3):463-480.
Cloke,P.and Thrift,N.(1987):Intra-class conflict in rural areas.Journal of Rural Studies 3(4)
　:321-333.
Pacione,M.(1984)：*Rural Geography*.Harper & Row.
Phillips,M.(1993)：Rural gentrification and the processes of class colonisation.Journal of
　Rural Studies 9(2):123-140.

（飯塚　遼）

第5章　自然公園と自然ツーリズムからみるドイツ

1. ヨーロッパ人の自然観

　ヨーロッパ人は自然をどのように捉えてきたであろうか。一般的なヨーロッパ人の考え方では自然は開発の対象であり，人間活動に適応するように改変できるものとして捉えてきたといわれている。そのため，ヨーロッパにおける人口増加や居住地の拡大は，原生自然としての森林を伐採し農地や都市の土地利用に変化させてしまった。図5-1は900年頃と1900年頃の中央ヨーロッパにおける森林分布を示している。これらによれば，中央ヨーロッパの森林分布は農地や居住地の拡大により減少していることがわかる。しかし，1900年頃の中央ヨーロッパの分布では森林がまったくなくなったわけではなく，各地に点在して残存していることも事実である。このような森林の残存状態こそが，ヨーロッパ人の自然観を的確に反映しており，その後の人間と自然との関係を解き明かす大きな鍵を示している。

　1900年頃の中央ヨーロッパでは，各地に小規模な森林が意図的に残されている。特に，小規模な森林は都市近郊や都市近郊外縁部に分布していることが多い。

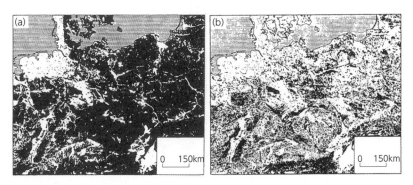

図5-1　中央ヨーロッパにおける森林分布の変化（ (a)900年と (b)1900年）
　　　　（Jordan(1973)より引用）

このような森林の多くは中世から残存しており，その目的は領主や貴族たちの余暇・レクリエーションのためであった。領主や貴族は秋になると刈り入れ後の農地を利用してキツネやウサギなどの狩りを余暇やレクリエーションとして楽しんだ。当然のことながら，狩りの対象となる野生動物が多く棲息しなければ，領主や貴族は狩りを楽しむことはできない。そのため，領主や貴族たちは狩りの対象となる野生動物の棲息場所としての森を保全し，残してきた。

　狩りのための野生動物の棲息場所として残された森は，都市近郊や都市近郊外縁部に位置しているため，豊富な木の実を利用した家畜(特に豚)の放牧や生活資材(薪炭や建築資材)の供給地，あるいは山菜やキノコ，ベリー類の採集地としても利用されてきた。つまり，残されてきた森林の一部はヨーロッパ人にとって身近な存在の森林，あるいは保全と利用を両立させる存在となっていた。そのことは，現在でも都市近郊や都市近郊外縁部に小規模な森林が保全され，都市住民の貴重な余暇・レクリエーション空間になっていることからもわかる。このような日本の里山的な森林がある一方で，ヨーロッパでは奥山としての森林も保全・保護されている。奥山としての森は人の近づけない魔物や魔女の住む森であった。ヨーロッパ人はそのような森を「あかずきん」や「ヘンゼルとグレーテル」の童話のなかで描いてきた。以下ではヨーロッパ人の自然観を踏まえて地域的性格を説明するため，ドイツにおける森林の自然公園としての適正な保全と利用についてみていく。

2. ドイツにおける自然公園の意義

　ドイツ国土の約50％は農地であり，約30％は森林となっている。緩やかな傾斜の丘陵に連なる里山的な森林と農地は美しい景観を生み出し，山々に続くモミやトウヒ，ヨーロッパブナが深い奥山の森をつくり出している。人々は長年にわたって身近な森林を余暇空間やレクリエーション空間として適正に利用してきた。また，このような森林の多くは自然公園として適正に保全・保護されている。ドイツにおける自然公園は保護地域として連邦法や州法によって規定されている。「連邦自然保護法(Bundesnaturschutzgesetz)」によれば，ドイツの保護地域は国立公園と自然公園，および自然保護地域や景観保護地域に区分されている(表5-1)。保護地域のなかで，自然や森林に関わるものは国立公園と自然公園，およ

表5-1　ドイツにおける保護地域の現況

	か所数	面積 (ha)	平均面積 (ha)	国土面積に 占める割合(%)
自然保護地域	6,588	924,779	140.4	2.6
景観保護地域	6,801	9,527,479	1,400.9	26.7
国立公園	13	171,168	13,166.8[1]	0.5
自然公園	85	7,550,678	88,831.5	21.2

1）海面域は除外
資料：Bundesamt Naturschutz (2002) : Daten zur Natur 2002.

　び自然保護地域であり，景観保護地域には歴史的な街並みや建造物なども含まれる。

　国立公園は法律で定められたひとまとまりの範囲をもち，その範囲の面積はかなり広い。国立公園に定められた範囲（地域）の大部分は人間の影響を全く受けていない，あるいはほとんど受けていない。そのため，国立公園内では自然環境に変化を与えるものや，自然遷移に攪乱をもたらすものは可能な限り排除される。ドイツにおける国立公園は13か所あり，そのほとんどが縁辺地域や人里から離れた地域に分布しており，自然の適正利用よりも保全・保護が優先されている。同様の自然地域として自然保護地域がある。自然保護地域は6,588か所と多いが，1か所当たりの面積は極めて小規模である。また，国立公園との大きな違いが自然の保全・保護のための利用も行われていないことである。

　自然公園も保全および管理を行うために，ひとまとまりの地域になっており，その大きな目的は自然の適正な保全・保護と適正な利用の両立を図ることである。つまり，自然公園は既存の土地利用と調和させながら，自然保護およびレクリエーション利用を進めるための地域である。ドイツでは，自然公園は85か所に分布し，1か所当たりの公園面積も約9万haと広い。ドイツ国内における自然公園の分布を示した図5-2によれば，自然公園は国内各地に分布し，都市近郊や都市近郊外縁部に立地していることがわかる。このことは，国立公園の分布が縁辺部に立地していることと様相を異にしており，自然公園の主要な目的の1つが都市住民のための余暇空間やレクリエーション空間であることを物語っている。自然公園では，散策やハイキング，トレッキングが日常的に行われ，自然と人間とが共生する仕組みが構築されている。

　ドイツにおける自然公園の始まりは1909年であり，「自然保護公園リューネブ

図5-2　ドイツにおける自然公園の分布
(The Association German Nature Parksのホームページより引用)

ルガー・ハイデ」が自然保護とその適正利用を目的に設立された。この公園は北ドイツのリューネブルク近郊で，ピンク色の花で野を染めるエリカによって主に形成されるハイデ（原野）の景観で特徴づけられ，その保全・保護と適正利用が求められていたことが設立の背景にあった。当時の自然公園設立のコンセプトは，人間と自然の出会いの場や，自然と風景の美しさを体験する機会を確保するとともに，自然保護と余暇活動を対等に取り扱うことであった。このようなコンセプトが後の自然公園の位置づけや存在意義に大きな影響を及ぼすことになった。第2次世界大戦後，ドイツ経済の成長にともなって，都市住民が余暇やレクリエーションの場として自然公園を多く訪れるようになり，自然公園の重要性は高まっている。しかし，レクリエーションや観光の負荷が自然に多くかけられるようになり，来訪者の増加にともなう負荷を適切にコントロールすることが自然公園に

求められるようになってきた。以下では，自然の保全・保護と適正利用を自然公園でどのように両立させているのか，その仕組みをバイエルンの森自然公園を事例にして検討する。

3. バイエルンの森自然公園での自然ツーリズム

　バイエルンの森自然公園(Nationalpark Bayerischer Wald)は，ドイツ・バイエルン州の東部，チェコとの国境に広がる森林地帯に位置しており，その面積は283,200haに及ぶ。自然公園内には，自然保護地域が2％程度，景観保護地域が65％程度含まれている。自然公園の地域には約29万人の人々が居住し，日常的な生活空間も自然空間としての森林とともに展開している。森林面積は自然公園として設定された地域の約50％を占めており，森林空間と生活空間，および余暇・レクリエーション空間が共存している。したがって，自然公園の地域では，日常的な生活や経済活動を行いながら，自然環境を保全し，そのような生活や経済活動，および自然が観光資源として魅力あるものでなければならない。写真5-1に示されたバイエルンの森自然公園の景観によれば，生活空間としての集落が立地し，その周辺に経済空間としての放牧地が広がり，さらに放牧地の外側に森林が展開している。このような生活空間と経済空間，および森林空間がバランスよく配置され，緑豊かで美しい地域の景観がつくられている。このような景観は人々に安らぎや癒しをもたらすものとして観光資源となり，多くの人々が散策やハイキングを楽しむようになる。

　しかし，多くの観光者が訪れるからといって，観光施設や広告看板が設置されているわけではない。それは，地域の自然や景観が適正に保全・保護され，自然公園が適正にバランスよく利用されているからである。そこに，ドイツの自然公園の大きな特徴がある。

　バイエルンの森自然公園は，社団法人(Nationalparkverwaltung

写真5-1　バイエルンの森自然公園の景観
　　　　(2005年8月筆者撮影)

写真5-2　バイエルンの森自然公園における地域産
材を用いた解説板
（2002年8月筆者撮影）

Bayerischer Wald)によって運営されている。法人のメンバーは，公園区域に含まれる89の自治体および4つの郡，観光協会，自然保護団体，猟友会など約60の協会，団体，および約300人の個人からなる。公園の年間予算はおよそ約100万ユーロで，このうち会費の占める割合は10％程度であり，残りは州やEUからの補助金である。このように，会費のみで自然公園の運営を行うのは不可能であるが，地域における自然環境の保全・保護の取り組みや適正利用の活動を広い範囲でまとまって行うためには，法人組織が必要である。さらに，法人組織は公園予算の執行に際して，州政府や自治体などの行政組織と対等に交渉するためにも必要であった。さらに，この法人組織はEUなどからの補助金を確保するための申請にも必要であった。かくして，バイエルンの森自然公園はEUなどからの外部資金を導入しながら，地域発案型のさまざまな事業を行っていることに特徴がある。

　バイエルンの森自然公園の法人組織の主要な任務は，自然の保全・保護活動および来訪者への公園地域に関する情報提供，自然体験プログラムの提供や施設整備である。そのような任務において地域発案型の事業が随所に盛り込まれている。例えば，自然公園の法人組織は公園内の農山村景観を保全するための生垣の維持管理事業のほか，地域産材を使ったベンチや標識，解説板の設置を行っている（写真5-2）。標識や解説板の設置場所については，自治体からの設置の要望を受け，自然公園の法人組織がその要望を踏まえて一括して設置している。この事業における地域産材の使用は地域経済にも貢献している。また，湿原のビオトープ保全・保護などにかかわる事業は，自然公園の法人組織の構成員として名を連ねる自然保護団体が請け負うことも多く，これが地域NGOの育成にも大きく役立っている。このように，地域のさまざまな組織や団体との協働体制を築きながら，自然公園の目標を実現していくことがバイエルンの森自然公園の法人組織の大きな特色になっている。いわば，自然環境を閉じた空間として保護するのではなく，開かれた空間として地域住民と一体となって保全していくことがドイツの自然公

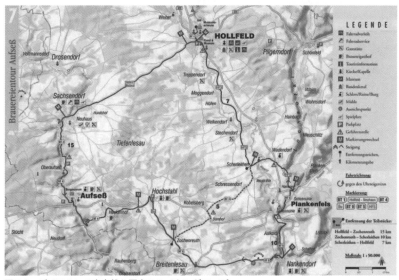

図5-3　バイエルンの森自然公園内のハイキングマップ
（バイエルンの森自然公園散策パンフレットより引用）

園の一般的な姿なのである。

　バイエルンの森自然公園の最も
重要な役割は，来訪者の適正利用
を管理することである。自然公園
には管理事務所を兼ねるインフォ
メーションセンターがあり，そこ
では自然公園，および隣接したバ
イエルンの森国立公園や地域の観
光に関するさまざまな情報が来訪
者に提供されている。例えば，イ
ンフォメーションセンターでは自

写真5-3　バイエルンの森自然公園におけるフット
　　　　パスによる散策（2005年8月筆者撮影）

然公園内のハイキング・散策マップやサイクリングマップなどが配布され，公園
の来訪者が自然と楽しく触れ合えるようになっている。図5-3に示したハイキン
グマップによれば，32kmのハイキングコースには３つの伝統的な中心地（ホ
ルフェルトHollfeld，アウフゼスAufseß，プランケンフェルスPlankenfels）
とそれぞれに付随する農村集落があり，来訪者はそれらの集落景観と集落間に広

写真5-4　ドイツの自然公園における散策ルートと
　　　　案内板による「誘導」
　　　　（2005年8月筆者撮影）

がる農村景観や森林景観を観察し
ながらフットパス（図5-3の散策
ルートはフランケン・ビール街道
としても人気が高い）を散策する
（写真5-3）。自然公園のなかに地
域の生活空間や経済空間が含まれ，
それらの空間は自然環境としての
森林空間と調和するだけでなく，
来訪者が癒され安らげるように景
観的にも森林空間と調和するように保全・保護されている。集落内にはレストラ
ンやカフェなどの休憩施設があり，地域のスローフードを味わいながら自然景観
や文化景観を満喫することもできる。このように，自然公園の散策ハイキングマ
ップやサイクリングマップには，人間が自然を利用することを前提にして，自然
のなかで人間を楽しませるような仕掛けが多く取り入れられている。

　ドイツにおける自然公園の大きな特徴は，環境資源の保全・保護と適正利用で
ある。そのためには，自然公園のオーバーユースや自然環境の無秩序な利用によ
る過大な負荷をコントロールする必要がある。コントロールの1つの手段が自然
公園内における道標や解説板，あるいはさまざまな種類の地図類やパンフレット
を用いた「誘導」である。図5-3のバイエルンの森自然公園の散策ハイキングマ
ップも誘導の考えに基づいて作成されている。ドイツでは緩やかな地形が多く，林
道やフットパスなどが縦横に走っているため，それらはレクリエーションのため
の散策道として利用しやすく，それらを活用したさまざまなルート選択が可能に
なる。そのため，周遊や回遊可能な散策ルートを設定し，そのルートに来訪者を
地図やパンフレット，道標などで集めることにより，散策ルートから外れた地区
の自然環境への負荷を大幅に低下させることができる。また，推奨された散策ル
ートへの負荷が高まり，自然資源の再生回復の必要があれば，散策ルートの推奨
を地図やパンフレットから外し，別の推奨ルートが設定され，地図やパンフレッ
トなどで紹介される。このようにして，自然公園におけるレクリエーションや観
光としての利用は来訪者に不便をかけることなく行われ，同時に環境資源の保
全・保護も行われている（写真5-4）。

　バイエルンの森自然公園における環境保全・保護と適正利用のもう1つの試み

が公共交通ネットワークの有効活用であり，それは地域の持続的ツーリズムの発展に貢献している。ドイツでも，多くの人々はレクリエーションや観光の活動に自家用車を利用している。しかし，自家用車の利用は排気ガスを撒き散らすだけでなく，観光地やその周辺で交通渋滞を引き起こす。さらに，化石燃料の消費は地球環境にも負荷をかける。そこで自家用車に代わって，鉄道やバスなどの公共交通機関が多く利用されるような工夫が行われており，それが自然公園内の鉄道とバスを自由に乗り降りできる「バイエルンの森チケット」の販売である。このチケットと関連して，有害ガスを排出しない天然ガスやバイオ燃料のバスや，サイクリストを考慮して車両後部に自転車を積載できるトレーラーをつけているバスが走っている。また，ドイツでは鉄道に自転車を乗せることができ，自宅から公園内の目的地まで鉄道やバスを利用して自転車を運び，そこでサイクリングを楽しむこともできる。さらに，自然環境を保全・保護するために自家用車の進入が規制されている地区もあり，自然公園内の拠点には自家用車用の駐車場が整備され，そこからバスに乗車して自然公園内のさまざまな場所にアクセスするパーク・アンド・ライド方式も導入されている。

4. 自然公園からみたドイツの性格

　ドイツにおける森林は大きく奥山的なものと里山的なものに区分できる。前者は人間が近づき難い原生自然の森林であり，その総面積はわずかであるが，国立

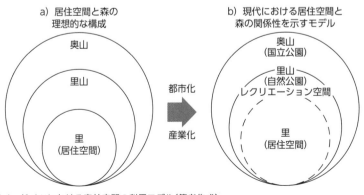

図5-4　ドイツにおける森林空間の利用モデル（筆者作成）

公園として保全・保護を主体に活用されている。後者は人間が近づきやすく日常利用される森林であり，総面積も広く，自然公園として保全・保護しながら適正利用が図られている。ドイツの自然公園と国立公園の位置づけをモデル的に示した図5-4によれば，ドイツの空間的な構成は都市化や産業化の影響を受けて，居住空間としての里と，それを取り巻く里山的な森林(自然公園)，そして里と里山的な森林を取り巻くように展開する奥山的な森林(国立公園)によって構成される。ドイツにおける日常的な生活圏は里と里山的な森林により成り立ち，里と森林は保全・保護と日常的な利用の両立によって密接な相互関係で結びついている。つまり，人々は身近な森林を活用して余暇やレクリエーションを楽しみリフレッシュしており，自然としての森林を日常的な生活の中に取り込んでいる。その意味で，自然と共存する世界観が地域的性格を創出しているといえる。他方，奥山的な森林は非日常的な空間であり，そこでの滞在に人々は日常とは異なる体験を期待するようになる。それは本来の観光行動として重要であるが，日常的な余暇・レクリエーションと結びつかないため，ドイツの地域的性格を特徴づけるものではないのである。

◎参考文献

レーマン，A. 著，識名章喜・大渕知直訳(2005)：『森のフォークロア−ドイツ人の自然観と森林文化−』法政大学出版局.

石井　寛・神沼公三郎編著(2005)：『ヨーロッパの森林管理　国を超えて・自立する地域へ』日本林業調査会.

森　涼子(2016)：『グリム童話と森−ドイツ環境意識を育んだ「森は私たちのもの」の伝統−』築地書館.

Jordan,T.G.(1973):*The European Culture Area*.Harper & Row.

（菊地俊夫）

第6章 ルーラルツーリズムの基盤としての ルーラル・ジェントリフィケーションからみた イギリス・ピーク・ディストリクト

1. ピーク・ディストリクト国立公園の中のユールグレイヴ村

　ピーク・ディストリクト国立公園(Peak District National Park)は，イングランド中央部に位置し，1951年に設立されたイギリスで最も古い国立公園である。この国立公園はマンチェスターやシェフィールド，ダービーといった地方中心都市と近接しているため，都市住民にとっての気軽な自然ツーリズムの目的地として人気の場所となっている。近年では，都市との近接性や自然環境に対する人々の嗜好性から，ピーク・ディストリクト国立公園内の農村の家屋をセカンドハウスとして利用する世帯だけでなく，農村に居住しながら都市に通勤する世帯も多くみられるようになっている。このような都市住民の流入による諸環境や景観の変化はルーラル・ジェントリフィケーションとして捉えられ，ルーラルツーリズムの発展基盤の1つにもなっている(写真6-1)。

　ピーク・ディストリクト国立公園内の1つの農村集落であるユールグレイヴ村は，地域の農村中心地であるベイクウェルに隣接して立地している(図6-1)。伝統的には，ユールグレイヴ村は牧羊業を中心とする農村集落であったが，鉱産資源によって17世紀以降大きく発展を遂げた。まず，17世紀には，鉛の採掘が村の周辺で行われるようになり，全国から鉛鉱で働く労働者が流入し，村の人口が急増した。しかし19世紀半ばには，鉱産資源の枯渇や採掘コストの増大，低廉な外国産鉛の輸入などを背景として鉛鉱業は大きく衰退し，周辺の鉱山の多く

写真6-1　ピーク・ディストリクト国立公園内で盛んなルーラルツーリズム
（2013年6月筆者撮影）

が閉鎖した。19世紀の終わり頃には，全国的な建設ラッシュにより，建材としての石灰の採石加工が鉛採掘に代わって発展した。しかし，石灰の採石加工も第2次世界大戦後の産業構造の変化で衰退を余儀なくされた。労働者の流入が著しかったユールグレイヴ村の人口も，鉱産業の衰退にともなう労働者の流出によって大きく減少した。

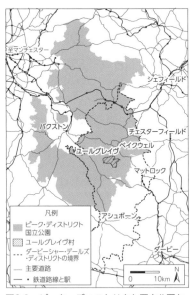

図6-1　ピーク・ディストリクト国立公園と
ユールグレイヴ村の位置

　その後，1951年のピーク・ディストリクト国立公園指定を受けて，伝統的な農牧業や採石業に代わり観光業が地域の重要な産業になった。現在のユールグレイヴ村の基幹産業は，農牧業のほか，観光業であり，わずかに石灰の採石加工も残存している。また，周辺にベイクウェルやバクストンなどの農村中心地のほか，マットロックやチェスターフィールドなどの地方小都市，シェフィールドやマンチェスターなどの地方中心都市が階層性をもって立地している。そのため，ユールグレイヴ村はルーラルツーリズムの目的地としてだけでなく，それらの都市への通勤農村としての性格ももつようになり，住民の多くはシェフィールドやマンチェスターにまで遠距離通勤をしている。

　2011年のセンサスによると，ユールグレイヴ村には467世帯，1,018人が暮らしており，農村としては比較的大規模である。2017年現在，村内の商業施設としては宿泊設備を有する3軒のパブ，郵便局の機能を備えた雑貨店のほか，カフェを備えた食料雑貨店が立地している。また，B&Bやホリデー・コテージも宿泊施設として立地しているのに加え，18世紀の生活協同組合の建物を改装したユースホステルもあり，それらはピーク・ディストリクト観光の拠点にもなっている。

　以上のように，ユールグレイヴ村は，農牧業や石灰石の石材産業などの地域の伝統的産業を維持しながら，自然ツーリズムやルーラルツーリズムなどに基づく

第3次産業を発展させるとともに，都市通勤者の居住地となっている。まさに，ユールグレイヴ村はポスト生産主義時代の「消費される」農村といえる。そして，流入する都市住民の増加により，ルーラル・ジェントリフィケーションが発生し，それは新たな地域環境をもたらすだけでなく，ルーラルツーリズムを支える条件になっている。

2. ピーク・ディストリクトにおけるルーラル・ジェントリフィケーション

　ルーラルツーリズムの基盤となるルーラル・ジェントリフィケーションを捉える１つの指標として，人口変動を検討する。図6-2はユールグレイヴ村における人口と世帯数の変遷を示したものである。それによると，人口は19世紀末からの石材産業の発展とともに増加したが，1951年の1,465人をピークに減少を続けている。特に，石材産業の機械化が進展した1961年から1971年にかけては，労働者の村外への流出が続き，1,442人から1,265人と大きく減少した。

　人口減少の一方，世帯数は1951年以降増加している。それは，村内への流入者世帯が増えていることと，村の世帯員構成が変化したためである。つまり，地域産業の衰退にともなって，旧住民世帯では多くの若者が都市部に流出し，村の人口が減少した。他方，退職後の夫婦世帯が都市部から多く流入し，それらは構成員規模の小さい家族世帯であった。したがって，村の人口は減少したが，世帯数は微増する傾向がみられるようになった。

　ルーラル・ジェントリフィケーションは，人口動態だけで捉えられるものでなく，社会階級の上方変化についても検討しなければならない。ルーラル・ジェントリフィケーションはミドル・クラスの農村への流入によって引き起こされる。特に，ミドル・クラスのなかでも専門性の高い職種に就くサービス・クラスの流入が大きく寄与するといわ

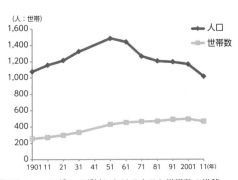

図6-2　ユールグレイヴ村における人口と世帯数の推移
　　　　（UK Censusにより作成）

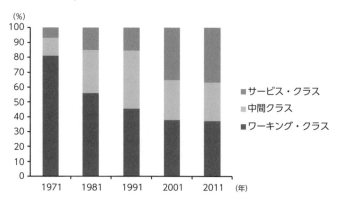

(%)

図6-3　ユールグレイヴ村における社会階級の推移（UK Censusにより作成）

れている（Phillips,2002）。そこで，図6-3にユールグレイヴ村における住民の社
会階級の変化について示した。それによると，村のサービス・クラスの割合は
1971年の6.7％から2011年には36.6％に増加している。一方，ワーキング・ク
ラスの割合は1971年の81.0％から2011年の37.4％と大幅に減少している。この
ような，サービス・クラスの増加とワーキング・クラスの減少は，サービス・ク
ラスによるワーキング・クラスの「追い出し」を示しており，ルーラル・ジェント
リフィケーションの傾向を裏づけるものとなっている。

　また，ユールグレイヴ村においては，中間クラスの増減も特徴的である。その
割合は1971年から1991年にかけて増大し，2011年にかけては減少している。こ
のような中間クラスの変化は，中間クラスの構成自体の変化によるものである。
1971年以前には，村の中間クラスには自営農家が多く含まれていたが，1971年
以降は中間管理職やエンジニアの職に就く都市からの流入者が中間クラスに加わ
り，中間クラスの割合が増大した。1991年以降，中間クラスの割合は自営農家
の減少とサービス・クラスの増大にともなって低下している。つまり，ユールグ
レイヴ村においてはミドル・クラスの構成が中間クラス中心からサービス・クラ
ス中心に移行したといえる。

3. ルーラル・ジェントリフィケーションの地域の社会・経済環境への影響

　ルーラル・ジェントリフィケーションの影響は，地域のさまざまな環境変化と

なって現れている。第1には，社会・経済環境としての農村コミュニティへの影響があげられる。農村への流入者が増加することによって，旧来のコミュニティは変化し，流入者によって新たなコミュニティが構築される。そこで，ユールグレイヴ村におけるコミュニティの変化をパブの利用形態からみてみよう。パブはイギリスの居酒屋であるが，コミュニティにとっては単なる飲酒の場以上の機能を担っている。特に，農村においては，住民が毎晩のように集って会話を楽しむ場としてだけでなく，村内の音楽クラブや朗読クラブなどのソーシャル・クラブの活動の場として，あるいは自治会のミーティングの場としても利用される。このように，イギリスではパブが人々の日常のコミュニケーションの場として重要視されている。さらに，パブは観光者に対する宿泊施設としての機能も担っている。また，近年ではパブが農村における公共サービスや商業サービスを補完するものになっており，郵便局や食料雑貨店を併設するパブも少なくない。つまり，農村におけるパブとは，英国王室のチャールズ皇太子も述べているように「農村生活の中心」であり，農村コミュニティの維持に必要不可欠なコミュニケーション施設といえる。そのようなパブの利用形態をみることは，農村コミュニティの諸相を総合的に捉えるうえで重要であり，パブはルーラル・ジェントリフィケーションの影響が如実に反映される場所でもある。

　ユールグレイヴ村における社会階級別のパブの利用状況を示した図6-4によると，中間クラスの利用頻度が最も高いことがわかる。次いでワーキング・クラス，サービス・クラスの順で利用頻度が高くなっている。このことは，ユールグレイヴ村に3つのパブが立地していることを反映しており，全体として多くの村民が地元のパブを利用していることを示している。特に，流入者が多いサービス・クラスの利用頻度は，「週に1，2回以上」が30%程度を占めており，旧住民が多いワーキング・クラスとの接点としてパブが機能する可能

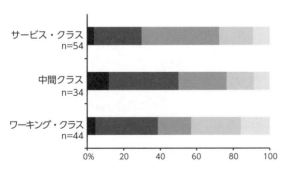

図6-4　ユールグレイヴ村における社会階級別の
　　　　村内パブ利用状況(現地調査により作成)

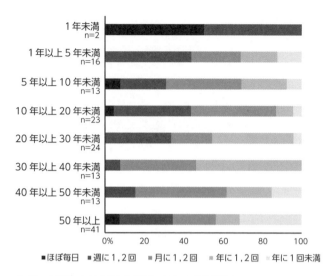

図6-5　ユールグレイヴ村における居住年数別の村内パブ利用状況
　　　（現地調査により作成）

性がある。

　また，ユールグレイヴ村における居住年数別のパブの利用状況を示した図6-5
をみてみると，30年未満の比較的居住年数の短い集団と50年以上の集団におい
て利用頻度が高いことがわかる。このことは，よりサービス・クラスの多い集団
とよりワーキング・クラスが多い集団とがともにパブを頻繁に利用していること
を示しており，社会階級別の利用状況を裏づけるものとなっている。つまり，ユ
ールグレイヴ村においては，ルーラル・ジェントリフィケーションが進展しなが
ら，流入者と旧住民との交流がパブにおいて保たれているといえる。

　次に，ルーラル・ジェントリフィケーションの農村コミュニティへの影響を捉
えるため，村内のソーシャル・クラブへの参加状況をみてみよう。ソーシャル・
クラブとは，コミュニティ内の人々の交流を深めるために組織されたスポーツや
文化活動を行うクラブである。ソーシャル・クラブへの参加はコミュニティの活
性化だけではなく，流入者と旧住民の交流の検討材料となる。

　図6-6は，ユールグレイヴ村における社会階級別のソーシャル・クラブ参加割
合を示している。これによれば，全体的に参加している割合は高いが，特にサー
ビス・クラスの集団の参加度が高い。それは，流入者によるコミュニティの形成

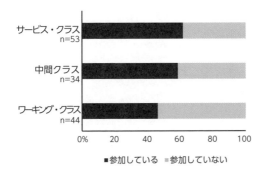

図6-6　ユールグレイヴ村における社会階級別のソーシャル・
　　　 クラブへの参加割合（現地調査により作成）

が進んでいることを物語っている。さらに，ソーシャル・クラブへの参加割合を居住年数別でみた図6-7によると，参加は居住年数が10〜20年の集団および20〜30年の集団に多く，50年以上の集団において少ない。

このことは，流入者が多い集団において活発にクラブ活動が行われていることを示唆している。つまり，ユールグレイヴ村のソーシャル・クラブ活動は，流入者であるサービス・クラスが中心となって行われており，彼らによって新たなコミュニティが形成されつつあることを示している。当然のことながら，旧住民の多くは高齢者であり，ソーシャル・クラブに参加するのが困難な人々も多いはずである。そのことを考慮すると，流入者と旧住民とがともに参加しながら，ソーシャル・クラブの運営が行

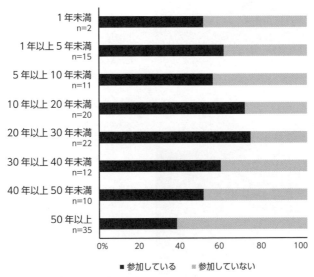

図6-7　ユールグレイヴ村における居住年数別のソーシャル・
　　　 クラブへの参加割合（現地調査により作成）

われているといえる。また，サービス・クラスとワーキング・クラスとの参加割合の差は10％程度と少なく，社会階級間のソーシャル・クラブ活動への参加意識に大きな差異がないこともわかる。

このように，ユールグレイヴ村においては，パブの利用やソーシャル・クラブなどのコミュニティ内の交流活動において，旧住民と流入者との交流とそれに基づく調和が保たれている。そのように，異なる社会・経済的背景をもつ集団が同一のコミュニティを形成しながら混住することはソーシャル・ミキシング（Lees,et al.,2012）として周知されており，ユールグレイヴ村ではソーシャル・ミキシングが高い状態で維持されている。つまり，ユールグレイヴ村においてルーラル・ジェントリフィケーションは，コミュニティに対してポジティヴに影響を与えているといえる。

4. ルーラル・ジェントリフィケーションの農村景観への影響

写真6-2　ユールグレイヴ村のバーン・コンヴァージョン住宅（2012年7月筆者撮影）

写真6-3　ユールグレイヴ村の伝統的な建築様式を模倣した新興住宅（2012年7月筆者撮影）

ルーラル・ジェントリフィケーションの影響はユールグレイヴ村の自然環境や社会・経済環境，および歴史・文化環境などを反映した景観にも表れている。写真6-2は，ユールグレイヴ村における典型的なバーン・コンヴァージョンである。この住宅は，以前は納屋として利用されていた建物を住居用に改装したものである。そこでは，木製のモダンカントリー調の窓枠やドアが新たに造られ，2階部分を改装して造った部屋のために新しく窓も造られたりしている。このような伝統的な住宅は供給量が限られているため，農村の

不動産を得ようとする競争が激しくなり，住宅価格も高額になってしまう。そのため，このような住宅は主にサービス・クラスの流入者の購入物件となり，彼らの住居になっている。また，このような住宅は観光者向けのホリデー・コテージとして使用されることも多い。

　その一方で，写真6-3は，伝統的な建築スタイルを模した新しい住宅である。この住宅は，石灰石のブロックを壁の表面に張りつけることで，石造りの住宅のような外観を造り出している。窓枠についても，全く新しく造られたものだが，17世紀から18世紀にかけてのジョージア朝の時代に流行した様式を模したサッシ窓になっている。つまり，農村居住のイメージを壊すことなく，農村住宅がルーラル・ジェントリフィケーションの一環として造られ，それらによって形成される美しい農村景観がルーラルツーリズムの資源となっている。全体的には，ピーク・ディストリクトの農村に対する住宅需要と伝統的な集落景観の維持を両立させるものとして，従来の農村景観に配慮し調和した住宅が建設されている。このような住宅の多くは，古民家に比べて安価であるため，都市から流入してきた中間クラス以上の人々が居住する住宅となっている。

　伝統的な家屋にしても，新しい家屋にしてもユールグレイヴ村の家屋には，居住者いわば流入者の思い描く農村らしさが投影されている。それは，木製のドアや伝統的なサッシ窓，飾りとしての馬車の車輪，屋号，手入れされた庭などとなって具現化されている。そこに居住する人々は，農村生活者としての意識をもち，農家ではなくとも農村にふさわしいアイテムとしてニワトリやアヒル，ヒツジなどの家畜を飼うことも少なくない。このように，ルーラル・ジェントリフィケーションの進展した農村においては，景観が新しい「農村らしさ」をともないながら美化されていく。美化された景観は地域の新たな魅力やルーラルツーリズムの資源となり，都市から多くの人々を引きつけることになる。そして，ルーラルツーリズムの発展は地域産業としての観光の持続性や集落の人口維持にも大きな役割を果たすことになる。

5. まとめ

　以上のように，ユールグレイヴ村においては，都市から流入してくるサービス・クラスや中間クラスの人々がジェントリファイヤー（ジェントリフィケーシ

ョンの推進者）となってルーラル・ジェントリフィケーションが進展した。そこでは，ルーラル・ジェントリフィケーションにより地域にさまざまな変化が表出してきた。実際，サービス・クラスや中間クラスの流入者が増加したことにより，ユールグレイヴ村の社会階級に基づく人口構成は大きく変化した。そのような流入者は，改装をした古民家に居住し，一部の人々は倉庫や納屋などの非居住用の建物を居住用に改装した。その結果，ユールグレイヴ村の景観はより美化されたものに変化し，流入者の思い描く農村らしさが反映されたものになった。

　一方，コミュニティの内部構造も変化した。それはパブの利用状況やソーシャル・クラブ活動の変化となって具現化しており，ルーラル・ジェントリフィケーションの進展により，従来のワーキング・クラス中心のコミュニティから，サービス・クラスや中間クラスも交えたコミュニティが形成されるようになった。このことは，流入者が旧住民のコミュニティにしっかりと融和しながら取り込まれている過程を示していた。つまり，ユールグレイヴ村においては流入者と旧住民がソーシャル・ミキシングを生み出し，相互に交流しながらコミュニティを健全に維持してきたといえる。

　以上に述べてきたように，ルーラル・ジェントリフィケーションの影響は，農村人口の維持や景観の美化などコミュニティに対してポジティヴに働くものもあれば，地価の上昇や流入者と旧住民の分断など悪影響としてネガティヴに働くものもある。このような両刃の剣の影響がルーラル・ジェントリフィケーションの地域的な特徴である。

◎参考文献
Lees,L.,Butler,T.and Bridge,G.(2012):*Mixed Communities*:Gentrification by stealth? The Policy Press.
Phillips,M.(1993):Rural gentrification and the processes of class colonisation.Journal of Rural Studies 9(2):123-140.
Phillips,M.(2002):The production,symbolization and socialization of gentrification:impressions from two Berkshire villages.Transactions of the institute of British Geographers 27(3):282-308.
Phillips,M.(2009):Counterurbanisation and rural gentrification:an exploration of the terms. Population,Space and Place 16(6):539-558.
Stockdale,A.(2010):The diverse geographies of rural gentrification in Scotland.Journal of Rural Studies 26:31-40.

（飯塚　遼）

カナダ・ヴァンクーヴァー島のダンカンにおける先住民の文化を取り入れた都市観光
（2014年9月菊地俊夫撮影）

第Ⅱ部

Ⅱ 北アメリカの観光地誌

　北アメリカの都市はヨーロッパ各地や世界中からの移民を受け入れ，さまざまな文化が混じりあい，アメリカンあるいはカナディアンと呼ばれる独自の文化が生まれた。それらの文化に基づく都市観光はショッピングやエンターテイメントなどを中心に非日常的なものとして発達した。

　農村地域では，大規模で機械化された農牧業が発達する一方で，都市近郊では小規模農場やホビーファームが都市との近接性に基づいて発達した。これらの農場がPYO（pick your own）農場や体験農場，あるいはスローフード農場やワイナリーとして農村観光の担い手となり，日常的な観光空間を形成した。

　北アメリカでは都市の発展や農地開発から残された自然を保全することが自然ツーリズムの大きな目的となっている。そのため，自然の観光利用がさまざまな方法で制限され，そのような状況のなかで自然ツーリズムが発展した。いわば，北アメリカの観光地誌は都市と農村と自然とがさまざまな制度に基づいて観光利用されていることで特徴づけられる。

第7章　ビールツーリズムの発展からみるデンヴァー

1. アメリカにおけるビール醸造の歴史

　アメリカにおいてビール醸造は，入植の歴史とともにあった。1620年にピルグリム・ファーザーズがメイフラワー号に乗り，イギリスからアメリカ植民地（現マサチューセッツ州プリマス）に上陸した際，ビールももたらされた。船で運んできたビールはすぐに底をつき，もちろん入植直後にビール醸造所など存在していないため，身近にある原料のみを用いて自家醸造がなされていた。それらの自家醸造ビールはスモールビールと呼ばれ，開拓作業の重要なエネルギー源として大人から子供まで重宝された。1632年には，オランダ人入植者がニューアムステルダム（現在のニューヨーク・マンハッタン島）において商業的にビール醸造を始めた。これがアメリカ合衆国におけるビール事業の始まりである。その後，開拓の進展と都市の発展によって各地にブルワリーが誕生していった。当時のビール醸造において原材料のホップは輸入に頼らざるを得ず，貴重であったため，イングランド由来のエール酵母を使用しながらホップの使用を抑えたビール，あるいは全く使用しないビールが醸造されていた。そのようなビールはホップの防腐作用を十分に得られていないため，傷みやすく，醸造されたビールの流通は生産地周辺に限られることとなった。その結果，アメリカの各地に地域独自の小規模ブルワリーが作られるようになった。

　18世紀後半以降は，醸造技術や輸送技術が発展したことにより流通規模を拡大することが可能となった。その一方で，イギリスのみならず，アイルランドやドイツから多くの移民が流入するようになったこともまたビールの消費量を増大させた。特に19世紀中ごろには，ドイツ系の移民が中西部に流入してビール醸造にも乗り出した。そのなかで，現在では世界的なビール会社となっているミルウォーキーのミラーや，セントルイスのアンハイザー・ブッシュなどが誕生した。彼らが醸造するラガービールは，エールビールが中心であったアメリカのビールシーンに台頭していった。その結果，アメリカにおけるブルワリー数は1873年

の時点で4,131か所を数えるまでになった(Brewers Association資料)。その後,市場の拡大による大規模ブルワリーの出現で小規模ブルワリーは淘汰され,ブルワリー数は減少するものの2,000か所前後で推移した。

　しかし,そのようなビール醸造の繁栄は長くは続かなかった。1920年にはアルコール度数の高いスピリッツの消費が増大し,アルコールが社会問題となったことを背景として禁酒法が制定され,ビールについてもアルコール度数0.5%以上のものは醸造,販売が禁止となった。1933年には禁酒法が解除されたものの,大規模ブルワリーが自身の特約店を増やすことにより排他的に市場を拡大したのに対して,市場から排除された小規模ブルワリーの淘汰がさらに進行した。その結果,アメリカの各都市に存在していたブルワリーは大規模ブルワリーに収斂されていくこととなり,1978年の時点でのアメリカ全土におけるブルワリーは89か所にまで減少した(Brewers Association資料)。

　その一方で,1978年に禁酒法以来規制されていた自家醸造が解禁されると,次第に自家醸造から事業としての醸造へ発展させる人々が出現するようになった。そのようなブルワリーの多くは自宅のガレージや地下室を改装して設けられた,マイクロブルワリーと呼ばれる極めて小規模のブルワリーであった。また,それらのマイクロブルワリーが規模を拡大し,クラフトブルワリーへと発展していくこともみられるようになった。さらに,それらのクラフトブルワリーの中には,醸造したビールをその場で提供するバーやレストランを併設したブルーパブと呼ばれる形態も出現し始めた。1980年代以降,これらのマイクロブルワリーやクラフトブルワリー,ブルーパブが増加した(Batzli,2014)。とりわけ2000年以降,急増する様相がみられ(Webb and Beaumont,2012),2019年現在で8,386か所のブルワリーがアメリカ全土に立地するまでになった。また,アメリカのビール市場のうち13.6%をクラフトビールが占める状況である。アメリカの州別のブルワリー数と単位人口あたりのブルワリー数をみると(図7-1),カリフォルニア州はブルワリー数が最も多い(907か所)が,単位人口あたりの値は少ない。その一方でブルワリー数全米第2位のコロラド州(425か所)は,単位人口あたりのブルワリー数も高い。ブルワリー数と密度の点からみても,コロラド州はクラフトビール醸造の盛んな州といえよう。そこで,本章ではコロラド州におけるビール中心地であるデンヴァーを事例にビールツーリズムから地域をみてみよう。

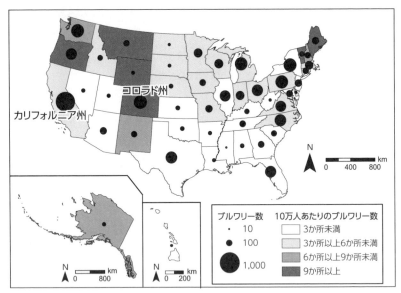

図7-1　州別のブルワリー数と単位人口あたりのブルワリー数(2019)
　　　　(Brewers Association 資料より作成)

2. デンヴァーにおけるビール醸造の歴史

　デンヴァーはアメリカ合衆国西部，ロッキー山脈東麓に位置する都市である。
コロラド州の州都であり，人口は69万(2016年)を数える。ロッキー山脈の山岳
地帯とグレートプレーンズとの結節点に位置するため，農作物の集散地であるほ
か商工業も盛んな都市である。また，石油関連産業と軍関連施設，および通信関
連施設も多い。デンヴァーにおけるビールはその都市の設立時から重要なもので
あった。デンヴァーはプラッテ川周辺で産出される金を目当てにした鉱夫や開拓
者が流入して，1858年に設立された。当初は単なる金の交易地に過ぎず，とり
わけそれ以外の産業は発展していなかったが，1859年にドイツ移民のジョン・
グッドによるチボリと，同じくドイツ移民のフレデリック・サロモンによりロッ
キー・マウンテン・ブルワリーが設立され，市街に立ち並ぶサルーン(居酒屋)で
鉱夫を相手にしてビールが供されていた。また，1873年には，やはりドイツ移
民のアドルフ・クアーズがデンヴァー近郊のゴールデンにクアーズ・ブルワリー
を設立した。ロッキー山脈の湧き水を利用して醸されるクリアな味わいのラガー
ビールは，好評を博し，クアーズはデンヴァーを代表するビールとなった。さら

に，後背地にグレートプレーンズを抱える立地も原料供給の点において優れ，金の交易地であったことにより駅馬車や鉄道などの輸送手段が早い時期から整備されていた。デンヴァー周辺はロッキー山麓の結節点として，まさにビール醸造には好都合の土地であったのである。そのため，クアーズは急速に生産と市場を拡大させていき，世界有数のビール会社にまで発展した。現在，クアーズはカナダのモルソンと合併してモルソン・クアーズとなっているが，その本社はデンヴァーにある。また，創業地のゴールデンではブルワリーが稼働しており，クアーズのビールが昔と変わらず醸造されている。

そのように，大手ビール会社の城下町であったデンヴァーであるが，1988年にデンヴァー初のブルーパブが設立されたことを皮切りに，ブルーパブやマイクロブルワリーが増加した。折しもデンヴァー自体が石油・天然ガス関連産業中心の経済から脱却して産業の多角化を図る時期にも重なっており，バイオ関連企業やメディア・通信関連企業，IT関連企業などが立地するようになった。そのような企業に勤める若手のエンジニアや専門職の人々がクラフトビールの需要を高めたことからブルワリーが増加していった。その一方で，ブルワリーの集積は競争による醸造技術の向上にも貢献し，質の高いビールが醸造されるようになった。その結果，デンヴァーを名実ともにアメリカでも有数のクラフトビールの都市へと変えていったのである。また現在では，アメリカ醸造者協会（Brewers Association:BA）主催のアメリカ最大のビール・イベントであるグレート・アメリカン・ビア・フェスティバル（Great American Beer Festival:GABF）の開催地ともなっている。

ブルワリーの形態が多様であるためブルワリー数を挙げることは難しいが，Shikes（2017）によると2017年現在，デンヴァー市内におけるブルワリーはビールを提供するタップルームをもつものだけで55か所であるとしている。デンヴァーのダウンタウン周辺におけるブルワリーの分布を示したものが図7-2であるが，それによるとブルワリーはエリアごとにある程度のまとまりをもって立地していることがわかる。特にブルワリーの集積が顕著なのがダウンタウンにあたるCBDとユニオン・ステーション周辺のロードー（LoDo：Lower Downtown）と呼ばれる地区，そしてダウンタウンの北東部のライノ（RiNo：River North Art District）と呼ばれる地区である。次節では，ロードーとライノを事例にデンヴァーにおけるビールツーリズムを捉えていく。

図7-2　デンヴァーのダウンタウン周辺におけるブルワリーの分布
　　　　（Visit Denver HPより作成）

3. デンヴァーにおけるクラフトビールによる都市再開発

1. ロードーのブルワリー　—ワインクープ・ブルーイング・カンパニー—

　デンヴァーにおけるクラフトビール文化の始まりは，ロードーにあるといっても過言ではない。ロードーは19世紀から20世紀の初頭にかけて，ゴールドラッシュ以来のデンヴァーの繁栄を支えた鉄道輸送の拠点であるユニオン・ステーションの周辺エリアであり，鉄道旅客向けの商店や宿泊施設，各地から集散する物資を保管する倉庫の立ち並ぶ地区であった。20世紀中ごろになると，輸送手段の革新による鉄道輸送の縮小とともに，ロードーも廃屋が立ち並び，犯罪もはびこる荒廃地区へと変化していった。そのような状況を改善するためにデンヴァー市では1988年に都市再活性化事業を行い，ロードーを歴史保存地区に指定して19世紀のデンヴァーの最盛期を支えた建造物を維持するようになった。その後，次第に商業機能がロードーに誘致されたほか，1995年には地元のメジャー球団コロラド・ロッキーズの本拠地となるクアーズ・フィールドが建設され，現在ではレストランやマイクロブルワリーのタップルームが立ち並ぶ繁華街へと再変貌を遂げている（写真7-1）。

このようなロードーの再活性
化の背景には，1軒のブルワリ
ーの誕生が大きく関係している。
そのブルワリーが先述したデン
ヴァー初のブルーパブ，ワイン
クープ・ブルーイング・カンパ
ニー（Wynkoop Brewing
Company：以下ワインクープ）
である。ワインクープは，まだ
ロードーが荒廃地区であった
1988年にJ.S.Brown
Mercantile Buildingという19
世紀の倉庫会社の建物をリノベ
ーションして開業した（写真
7-2）。ワインクープの創業者は
ジョン・ヒッケンルーパー，ジ
ェリー・ウィリアムス，マー
ク・シフラー，ラッセル・シェ
ーラーの4人であり，そのうち
のヒッケンルーパーはワインク
ープを開業する際にコロラド州

写真7-1　LodoからCBDを望む景観
（2019年9月 Faina Gurevich /
Shutterstock.com）

写真7-2　ワインクープ・ブルーイング・カンパニー
外観（2007年7月 Matthew Black /
Flicker.com）

議会に働きかけ，ブルーパブの営業を可能にすることを成功させた。アメリカで
は州によって酒類の提供に関する法律が異なり，法律上ブルワリーでビールを提
供できないところも多く，この成功はコロラド州全体のビールシーンにも大きな
影響を与えた。後に彼はデンヴァー市長とコロラド州知事も務めている。また，
ヘッドブルワーのシェーラーは当時としては珍しかったホップのフルーティーさ
を追求したアンバー・エールやクリーミーな甘みのあるスタウトなど，伝統的な
スタイルに囚われないスタイルのビールを醸造した。そのことは大手のラガービ
ールに占められていたデンヴァーにおいて革新的なものとして注目され，ビール
の質の高さも相まって地元住民の評判となった。とりわけ，隣接するCBDに勤
務するエンジニアや専門職の人々の反応は大きく，彼らを顧客として取り込むこ

とに成功した。次第にロードーはそのような人々が集うヒップな(流行の)場所であるとの認識が形成され始め，需要を見込んだレストランやバー，その他のクラフトブルワリーの出店がみられるようになった。そして現在の人気エリアとしてのロードーとなっていったのである。まさにロードーにおいてはブルワリーの進出により，いわゆるジェントリフィケーションが進展したのである。

　ワインクープでは，定番となっている花のようなホップの香りが特徴のアンバーエール「Rail Yard Ale」(以前の貨物ヤードに立地していることにちなむ)と柑橘系のホップ香が特徴のアメリカンIPA「Mile HI.P.A」(デンヴァーの愛称である「マイル・ハイ・シティ」にかけている)などのほか，さわやかな酸味が特徴のサワーエール，黒ビールのポーターやスタウトなど多様なビールを醸造している。しかし，トウガラシや牛肉などのビールとしては突飛な原材料を使用しており，全体的にオーソドックスなスタイルからは逸脱した独創的なビールを提供しているのが，ワインクープの大きな特徴である。これは初代のヘッドブルワーであったシェーラーのスタンスでもある。ブルーパブ内ではそれらの作り立てのビールとともに食事も楽しむことができる一方で，2階にはビリヤード台やボウリング場などが設けられており，パブゲームに勤しむこともできる。また，バーカウンターの奥に醸造設備がガラス越しにみえるようになっており，地下フロアには実際にビールの入ったバレルエイジ(樽熟成)の樽が整然と置かれ，ここがブルワリーであることを想起させてくれる。ブルワリーツアーもコンスタントに行っており，建物自体が歴史的建造物であるためデンヴァーを訪れるビールファンのみならず，一般の観光者も多く訪れる。

2. ライノのブルワリー　―レイショ・ビアワークス―

　一方でロードーからクアーズ・フィールドを越えて北東に向かうと，ライノに出る。ライノは，デンヴァーの都市構造においてダウンタウン郊外の工業地帯および労働者階級住区に該当する地域で，貨物ヤードや倉庫，工場が立ち並び，周辺にそれらで働く労働者向けの簡素な住宅が混在していた。しかし，2000年代より，空き倉庫や廃工場などのスペースをアトリエとして利用する地元アーティストが出現し始めた。次第にアーティストのみならずグラフィックデザイナーやベンチャー企業のオフィスも進出し，彼らを中心にコミュニティ形成がなされる近隣住区に変化してきた(写真7-3)。

2005年には近隣住区のコミュニティ団体であるRiNo Art DistrictというNPOが組織された。RiNo Art Districtでは，アトリエに利用できる空き物件の紹介やイベントの企画などアーティストのサポートを行っている。また，ベンチャー企業の誘致と経営のサポートを行うBusiness

写真7-3　ライノに建つモダンなアパート（2020年4月 jenlo8 / Shutterstock.com）

Improvement District（BID）と，公共空間の環境維持を行うGeneral Improvement District（GID）をゾーニングすることで地域コミュニティの形成と維持を図る活動もしている。

　それらの活動によりライノには，個々のアーティストのアトリエのほかアーティストの作品を展示するスタジオやギャラリー，ベンチャー企業のオフィスやコワーキング施設が立ち並ぶ。また，地域内で行われるアーティストのパフォーマンスイベントである「CRUSH WALLS」により作成された壁画が建物の壁面を彩り，独特の雰囲気が漂う景観が創り出されている。さらに，「食」に関しても創造的な意識が反映された施設が立地しており，コーヒー・ロースターやワイナリー，ジンなどのスピリッツの蒸留所があり，そしてクラフトブルワリーも多数分布している。なかでも19世紀に建造された鉄工場をリノベーションしたThe Sourceは，それらのテナントが集約されたフード・コンプレックスであり，地域のランドマーク的存在ともなっている。

　そのようなライノにおいてとりわけクリエイティブな気風漂うブルワリーがレイショ・ビアワークス（Ratio Beerworks：以下レイショ）である（写真7-4）。レイショはパンク音楽業界で出会ったスコット・カプラン，ジェイソン・ズンブルネン，ザック・ロウリーの３人が2015年に開業した。レイショは，彼らの音楽性に基づくDIY精神を通じたビール醸造を行うだけではなく，クリエイティブでアーティスティックなライノのコミュニティとの融合を目指している。ブルワリーの建物はレンガ造りのガレージで，木と鉄を基調としたシンプルな内装ながら壁面は地元アーティストたちによる作品で覆われている。ときには，そのような空間の中でバンドのライブ演奏やコメディショー，またヨガやプロレスなど多様

なイベントも開催される。レイショで醸造されるビールは，ライブでも楽しめるようなアルコール度数を抑えめにしたアメリカン・ペールエールである「Domestica」，デンヴァーで一番のウェストコーストIPAと豪語する「Antidote」，

写真7-4　レイショ・ビアワークスの外観
（Visit Denver HPより転載）

ドライホッピングによりホップの柑橘様の香りを高めたセゾン「Dear You」，ローストしたライ麦を使用してスモーク香のアクセントを加えたスコッチエールの「Hold Steady」など定番のビールが中心である。そこには，いつも変わらないおいしいものを地域の人々に提供するというコミュニティに対する意識が表れている。その他，バレルエイジやファームハウスエールなどクラフトビールの流行スタイルも押さえており，それらはスペシャルビールとして提供している。客層としては観光者も訪れるものの，中心は近隣で勤務や居住をしている人々が中心であり，比較的若年層も多い。このように，レイショはクリエイティブな地域のコミュニティに根差したクラフトブルワリーなのである。

4. ビールツーリズムからみるデンヴァー

　デンヴァーでは「Denver Beer Trail」として，ビールツーリズムをプロモーションしている。そこでは，モデルコースがとりわけ設定されているわけではなく，ブルワリーのマップが示されており，どのブルワリーを訪問するかは観光者の任意である。それは，決してオーガナイズされていないのではなく，自分の力でお気に入りのブルワリーをみつけ出すという宝探し的体験をすることを観光者に促している。つまり，ロードーにおけるデンヴァーの繁栄を支えた歴史的な景観や，ライノにおける新しいデンヴァーのエネルギッシュな景観の中を進みながら，ブルワリーという金をみつけ出す。ここで観光者は，現代の「開拓者」となるのであり，マイクロブルワリーが林立する現在のデンヴァーは，まさにゴールドラッシュといえよう。

　以上を踏まえながら，デンヴァーにおけるビールツーリズムのモデルを示すと図7-3のように表される。ブルワリーを訪問することが観光における主目的では

あるものの，ブルワリーに
至るまでに観光者は観光施
設や商業施設を通過してく
る。一部の観光者はそれら
の商業施設や観光施設に滞
在することになり，そこで
デンヴァーの文化や歴史に
触れたり，食事や買い物を
楽しんだりする。結果とし
て，デンヴァーのダウンタ

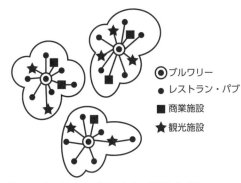

図7-3　デンヴァー・ダウンタウン周辺における
　　　ビールツーリズム

ウン周辺におけるビールツーリズムにおいては個々のブルワリーを中心とした一
定の観光地域が展開し，その地域内に観光者が長時間滞留する形態をとっている。

　デンヴァーではゴールドラッシュによる都市の黎明期において，ドイツ移民に
よるピルスナースタイルのビールが開拓者の喉を潤しただけでなく，都市の重要
産業の1つとなった。禁酒法時代を通じてデンヴァーにおけるビール醸造は大手
ブルワリーに集約され，地元の小規模ブルワリーは淘汰されていった。しかし，
1980年代以降再び小規模ブルワリーが注目されるようになってきた。そして，
それらのクラフトブルワリーで醸されるクラフトビールが現代の「開拓者」である
企業に勤める人々や観光者の喉を潤し，新たな産業の1つを担うようになったの
である。

　以上にみてきたようにデンヴァーにおいては都市の歴史や発展とビールが深く
関係してきた。ブルワリーを巡りながらそれらの関係性を感じ取ることが，デン
ヴァーにおけるビールツーリズムの醍醐味なのである。

◎参考文献
Batzli,S.A.(2014):Mapping United States Breweries 1612 to 2011.*The Geography of Beer
　edited by Patterson*,M and Hoalst-Pullen,N.,Springer,31-43.
Shikes,J.(2017):How Many Breweries Does Denver Have? And Does It Really Matter?
　Westword,October 3.
Webb,T.and Beaumont,S.(2012):The World Atlas of Beer.Mitchell Beazley.
Brewers Association;https://www.brewersassociation.org/(アクセス日2020.09.18)
Visit Denver;https://www.denver.org/(アクセス日2020.09.18)

（飯塚　遼）

農村空間の観光化からみた カナダのカウチンヴァレー

1. カウチンヴァレーにおける地域的課題と農村振興

　カウチンヴァレーはヴァンクーヴァー島の南東部，州都ヴィクトリアの北，ナナイモの南に位置する農村である。地域の主要産業は従来から林業や家畜の放牧業であったが，酪農，養鶏，温室野菜，野菜やベリー類，ワイン用ブドウなどの園芸作物を組み合わせた多様で複合的な農家経営が多くみられる。また，カウチンヴァレーは温暖な気候条件と，山や海，湖が近接して存在するという自然環境，および中心都市のヴィクトリアとナナイモの中間にあり，それらの都市から車でおよそ1時間という立地条件から，観光に力を入れている。カウチンヴァレーの多くの場所でみられる「Local&Fresh」の看板にあるように，地産地消にこだわった多様な農業が観光資源として重要になる。特に，気候条件を活かしたブドウ栽培によるワインツーリズムが有名で，ワインルートが形成されている（菊地ほか，2016）。さらに，カウチンベイでは都市と農村が直接結びつく場として，ファーマーズマーケットが開催されている。ファーマーズマーケットに関連して地元で生産された安全・安心な農産物を地元で消費するというスローフード運動も体現され，カウチンベイはイタリア発祥の国際組織であるスローシティ「チッタスロー」の認定を受けている。

　カウチンヴァレーの農地は東海岸の平野や海成段丘面，およびそれらに続く波浪状の低丘陵地に分布しており，その面積は1986年に約1万7,300haあったが，それ以降減少し続け，2011年には約1万800haになった。これは，カウチンヴァレーが大市場から遠距離にあることや，農場の規模拡大や生産性の向上を拒む土地条件などを反映して，多くの農場が1980年代から1990年代にかけて経営の中止を余儀なくされた結果でもあった。このことは，カウチンヴァレーの農場数にも反映されており，1986年の農場数は減少して554か所であった。しかし，1990年代になると，新規就農者が農場を購入して経営を開始するようになり，農場数は1991年以降，600から700か所で安定している。このような農場数の安

定した推移は，農村再編と新たな商品生産の台頭によるものである。しかし，1農場当たりの農地規模は1986年の31.2haから減少する傾向にあり，2011年には15.8haと農場経営の零細性は地域の特徴として変わっていない。

　カウチンヴァレーにおいて最も広い農地利用は飼料作物栽培であり，2006年現在で3,853haに及んでおり，276か所の農場（全農場の約40%）が飼料作物を栽培していた。この飼料作物は牛（乳牛と肉牛）や羊，および馬に給餌する目的で栽培されており，それぞれの家畜を飼育する農場数は280か所と112か所，および182か所であった。カウチンヴァレーの家畜飼養は全体として継続されているが，近年では羊の頭数が減少し，馬の頭数が増加している。これは，小規模農場が都市住民の余暇活動と関連して，高収益な馬の飼育を行うようになったためである。また，果樹や野菜の栽培面積も新規就農者の増加にともなって拡大している。なかでも，農場数や栽培面積が最も増加した商品生産は醸造用のブドウ栽培である。1986年におけるブドウ栽培の面積と農場数はそれぞれ1haと7か所であったが，2006年になると75haと35か所に増加した。これは，新規就農者の多くが経済的な利潤とともに非経済的利潤（生きがいやこだわり）を優先させて，カウチンヴァレーの風土（日照時間や無霜期間など）が醸造用のブドウ栽培に適していると認識し，ワイナリーの経営を開始したことを反映していた。

2. カウチンヴァレーにおける類型別ワイナリーの特徴と立地展開

1. ワイナリーの諸類型

　カウチンヴァレーには，16か所のワイナリーが立地している。それらのワイナリーがブドウ畑の開園とともに操業を開始したのは，1988年から2008年にかけてであり，ほとんどの創業者はブドウ栽培やワイン醸造の経験者ではなかった。多くの創業者は港湾労働や農業機械販売の営業，あるいは物流の担当者として会社に勤務し，農場購入の資金を蓄積した（Hynes,2011）。1980年代後半から2000年代前半にかけて，カウチンヴァレーでは農業を中止し，離農離村する者が少なくなかった。これは，カウチンヴァレーの農場が小規模であることに加え，有力な商品生産が欠如し，農産物市場への近接性も改善されることがなかったためである。いわゆる，カウチンヴァレーはカナダ・ブリティッシュコロンビア州の農村における条件不利地域として位置づけられていた（Cowichan Region

Economic Development Commission,2010)。そのような条件不利地域であるため，他業種からの新規就農者が比較的容易に農場を購入することができたといえる。新たな農場経営者は，小規模な経営で高い収益が得られる農業を行い，その１つが醸造用ブドウの栽培を含めたワイナリーの経営であった。

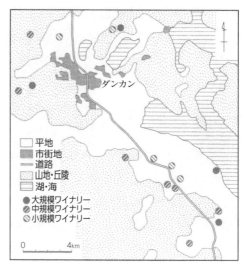

図8-1　カウチンヴァレーにおける類型別ワイナリーの分布（2015年6月）
（現地調査およびHynes（2011）により作成）

カウチンヴァレーの16か所のワイナリーはブドウ畑の規模によって３つのタイプに類型化することができる。すなわち，大規模ワイナリーと中規模ワイナリー，および小規模ワイナリーである。カウチンヴァレーにおける類型別のワイナリーの分布を示した図8-1によれば，16か所のワイナリーはカウチンヴァレーの海成段丘面から低丘陵地にかけて分散して分布していることがわかる。海成段丘面に立地するワイナリーは，幹線道路（国道１号線）からのアクセスが良好であり，ワインツーリズムの展開が期待されている。一方，波浪状の低丘陵地に立地するワイナリーは，地方中心都市のダンカン近郊にあるが，良質のブドウを生産できるように，南向き斜面や西向き斜面にブドウ畑が造成されていた。

　大規模ワイナリーは17ha以上のブドウを栽培し，経営主とその後継者を含めた専従の家族労働力が３人以上存在する。それらの他に，２人以上の雇用労働力がワイン醸造やブドウ畑管理，あるいは試飲のサービスなどに従事している。また，大規模ワイナリーでは赤ワイン用のブドウが主力となるメルローやピノ・ノワールを含めて３種類以上，白ワイン用のブドウがシャルドネやピノ・グリやオルテガを含めて６種類以上栽培されており，それらのブドウを組み合わせたりして多様な種類のワインが醸造されている。そのため，大規模ワイナリーでは多くの観光者や団体ツアー客を受け入れ，ワインの試飲と直売を催すとともに，醸造

されたワインに合った食事も併設されたレストランで提供されている
(Hynes,2011)。

　他方，中規模ワイナリーと小規模ワイナリーでは，ブドウ畑の規模がそれぞれ
10ha前後と 7 ha前後となる。また，そこで栽培される白ワイン用と赤ワイン用
のブドウの種類も，中規模ワイナリーでそれぞれ 2 種類から 3 種類，小規模ワイ
ナリーでそれぞれ 1 種類となり，醸造されるワインも種類が少なく，限定的なも
のとなっている。さらに，ワイナリーの労働力に関しても，小規模ワイナリーで
は経営主が主にブドウ畑の管理やワイン醸造に従事し，中規模ワイナリーになる
と経営主の妻ないしは後継者が加わる程度である。いずれにしても，中規模ワイ
ナリーと小規模ワイナリーは大規模ワイナリーに比べて家族経営の性格が強い。
中規模ワイナリーと小規模ワイナリーのもう 1 つの大きな違いはアトラクション
にある。中規模ワイナリーも小規模ワイナリーも団体ツアー客の受け入れに消極
的であるが，ワインの直売には力を入れている。試飲サービスは中規模ワイナリ
ーでは行われているが，小規模ワイナリーでは日常的には行われていない。これ
は，小規模ワイナリーの醸造量が少ないことと，その顧客の多くが常連客や地元
客であることを反映している(Hynes,2011)。

2. 大規模ワイナリーの事例

　Cワイナリーはカウチンヴァレー南部の東海岸の海成段丘面に立地している。
現在のオーナーのC氏は家族(妻と息子)とともにコロンビアからカナダに移民と
して入国し，ヴァンクーヴァーでIT産業や食品販売業などの職に従事しながら農
場購入のための資金をためた。C氏の息子はもともとワイン醸造に興味があった
ため，カナダ入国とともに大学に入学し，ワイン醸造の技術や専門知識を学んだ。
彼も卒業後，ワイン醸造会社に勤めるなどして，農場購入の資金を蓄えた。C氏
一家はカウチンヴァレーで売りに出されたワイナリーとブドウ畑を2007年に購
入し，念願のワイン生産を開始した。Cワイナリーのブドウ畑の規模は17.6haで
あり，ワイナリーと農場の経営はC氏と息子(後継者)を中心として行われ，C氏
の妻や息子の嫁などの家族労働力もレストランやワイン販売などに多く活用され
ている。Cワイナリーでは雇用労働力(2 人)も利用されているが，家族経営が基
本的な形態となっている。2015年 6 月におけるCワイナリーと農場の土地利用
を図8-2に示した。これによれば，ブドウ畑では多くの種類のブドウがそれぞれ

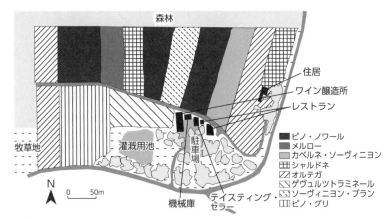

森林

住居
ワイン醸造所
レストラン

ピノ・ノワール
メルロー
カベルネ・ソーヴィニヨン
シャルドネ
オルテガ
ゲヴュルツトラミネール
ソーヴィニヨン・ブラン
ピノ・グリ

牧草地　　　　　灌漑用池　　　　駐車場

N　　0　　50m

機械庫　　テイスティング・セラー

図8-2　大規模なCワイナリーと農場の土地利用(2015年6月)
　　　　(現地調査により作成)

2 haから 3 haまでと少しずつ栽培されていることがわかる。栽培されているブドウは，赤ワイン用としてカベルネ・ソーヴィニヨン，メルロー，ピノ・ノワールなどであり，白ワイン用としてシャルドネ，ゲヴュルツトラミネール，ピノ・グリ，ソーヴィニヨン・ブラン，オルテガである。このように，多種類のブドウを栽培するのは，ドライな味からスイートな味までの，そして重く渋みのある味から軽くさわやかな味までのニーズに応えて多様なワインを生産するためである。ワインの多様なニーズに関連して，Cワイナリーはロゼワインやフルーツワインも醸造しており，ワインの種類はさらに増えている。

　Cワイナリーのワインの販路はブリティッシュコロンビア州に限定されているが，その約70％はヴァンクーヴァー島の市場で占められており，残りはヴァンクーヴァー都市圏である。Cワイナリーのワインは春から秋にかけて毎週開設されるダンカンやヴィクトリアのファーマーズマーケットで直接販売されているが，それは全体の販売本数の10％に満たない。しかし，Cワイナリーは会場で知り合った小売店やレストランに直接ワインを卸すことも少なくないため，ファーマーズマーケットへの参加は大きな意義をもっている。また，ファーマーズマーケットでCワイナリーを知り，都市住民がまとめて購入するために訪問することも多くなっている。このようなワインツーリズムの増加を見越して，Cワイナリーでは試飲や販売を強化するとともに，カウチンヴァレーのワインツアーを積極的に受け入れている。さらに，農場の一部にレストランを併設し，Cワイナリーの多

様なワインに合った料理を提供している。

　Cワイナリーを典型例とする大規模ワイナリーは，多種類のブドウから多様な
ワインを醸造し，主な顧客である都市住民の多様なニーズに対応していることと，
それらの対応が家族経営で行われていることに特徴がある。さらに，顧客の多様
なニーズに応えるため，大規模ワイナリーでは「みる」，「飲む」，「食べる」，「過
ごす」，「買う」といったアトラクションが1つの農場内で完結していることも大
きな特徴になっている。

3. 中規模ワイナリーの事例

　Aワイナリーはダンカン西郊の丘陵地に位置し，農場のブドウ畑は南斜面から
西斜面にかけて広がっている。ワイナリーの経営者のA氏は内科医としてヴァン
クーヴァーの病院に勤務したが，ワイン醸造家の夢を捨てきれず，1996年から
5年間，オーストラリアやカナダのオカナガンヴァレーなどのワイナリーでワイ
ン醸造の修業をした。現在のブドウ栽培地である4haの農場が2001年に売りに
出され，A氏はそれを購入し，念願のワイナリーの経営を開始した。その農場で
栽培されていたブドウはピノ・グリであったが，A氏は栽培品種を増やすため，
2005年と2009年に隣接した農場を買い足し，農場規模は12haに拡大した。
2015年6月におけるAワイナリーとその農場の土地利用を示した図8-3によれば，
ピノ・ノワールが赤ワイン用のブドウとして，ピノ・グリとゲヴュルツトラミネ

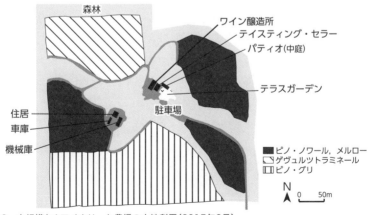

図8-3　中規模なAワイナリーと農場の土地利用(2015年6月)
　　　　(現地調査により作成)

ールが白ワイン用のブドウとして栽培されている。大規模ワイナリーと異なる点は、栽培されるブドウ品種が少なくなり、ワイナリーの経営主の嗜好や考え方やこだわりが栽培品種の決定に影響していることである。

　Aワイナリーの基本的な考え方は、風土に合ったブドウ品種を厳選し、特徴的で質の高いワインを醸造することである。A氏は農場でもともと栽培されていたピノ・グリが風土に適した品種と考え、他産地のワイン醸造技術を参考にしながら、カウチンヴァレー独自のピノ・グリ・ワインの醸造にこだわってきた。そのため、醸造されたワインは独特なものとして評価され、Aワイナリーに来なければ手に入らないワインとして周知されるようになった。現在、Aワイナリーの販路はワイナリーでの直販と特約の小売店・レストランなどヴァンクーヴァー島に限定されているが、ヴァンクーヴァーや国境を越えたシアトルなどから訪れて直接ワインを購入する顧客も少なくない。Aワイナリーにとって直接販売が重要であるため、ワインツーリズムを受けいれていることはもちろんであるが、購入したワインをゆっくりと味わってもらう、あるいはゆっくりと試飲してもらう空間としてパティオ(中庭)を設置している。しかし、レストランは併設されていない。これは、レストランのライセンスを取得することが難しいことと、ワインだけにこだわる経営主の意向からであった。

　AワイナリーもA氏とその妻の労働力が主体となって経営されており、その他に２人の労働力が雇用されている。A氏は現在の農場規模が適度であり、これ以上のブドウ畑の拡大やワインの増産は考えていない。それは、A氏がワインの生産量を拡大するよりも、質を向上させることを重視しているためである。さらに、A氏は質の高いワインを豊かな自然環境に囲まれてゆっくり飲むことが、人間にとって至高の癒しであると考えているため、Aワイナリーはパティオのようなおしゃれな空間を来訪者に開放し、ブティック・ワイナリーとしての性格を強めている。Aワイナリーのような中規模ワイナリーは、ブドウ栽培やワイン生産の規模が小さくなるが、それをメリットに変えるため、質の高い独特のワインを家族経営で醸造していることで特徴づけられる。そのため、来訪者は特徴的な中規模ワイナリーをいくつか訪ね、好みのワインを探すことになる。

4. 小規模ワイナリーの事例

　Rワイナリーはカウチンヴァレーの海成段丘面に続く低丘陵地に立地し、西向

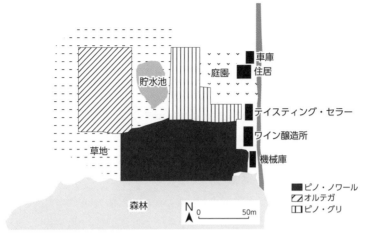

図8-4　小規模なRワイナリーと農場の土地利用（2015年6月）
　　　　（現地調査により作成）

きの斜面に6.1haのブドウ畑が広がっている。ワイナリーの経営主のR氏はワイン醸造をすることを希望し、ヴァンクーヴァーでワイン卸会社の営業を続け、結婚後はR氏の妻も同じ会社に勤務しながら農場購入資金を蓄えた。R氏夫妻は2004年にカウチンヴァレーで売りに出された6.1haの牧羊農場を購入し、ブドウを植栽してワイナリー経営を開始した。実際にワイン醸造を開始したのは2009年であり、経営者がブドウ栽培からワイン醸造、販売までの一連の作業を担当し、妻は家事をしながら、それらの作業の補助や簿記を担当している。Rワイナリーとその農場の土地利用を図8-4に示した。これによれば、農場で栽培されているのは赤ワイン用のピノ・ノワールと白ワイン用のピノ・グリとオルテガであり、中規模ワイナリーよりもさらにブドウの栽培品種が限定されている。R氏の農場では他のワイナリーのブドウやワインと差別化を図るため、ブドウが無農薬・無化学肥料で栽培されている。R氏は防虫・防除や地力維持を容易にするため、牧草地にブドウを植栽し、その維持管理を草生法で行っている。これは、R農場がもともと牧羊農場であったことを上手く利用した方法であり、緩傾斜地の土壌侵食を抑制する方法でもある。これらのブドウで醸造されたワインは有機ワインとして商品化され、カウチンヴァレーのオンリーワンのワインとして購入を希望する来訪者が多い。小規模ワイナリーの多くは団体ツアーを受け入れることもないし、試飲もあまり実施していない。しかし、Rワイナリーは4月から9月中旬ま

で団体ツアーを受け入れるとともに，試飲も実施しており，それらを通じてオンリーワンのワインを売り込んでいる。

　Rワイナリーのワインの販路はカウチンヴァレーとヴィクトリア都市圏に限定されており，生産量の約40％は直接販売で，残りはダンカンの特約小売店やレストランへの販売（約40％）とファーマーズマーケットでの販売（約20％）である。Rワイナリーのワインは有機ワインとしてカナダ有機制度（Canada Organic Regime:COR）の認証を受けており，有機ワインだけを求めて来訪する顧客も少なくない。しかし，小規模ワイナリーも中規模ワイナリーと同様に，1つのワイナリーだけで来訪者が満足することはない。そのため，ワイナリーとワイナリーの組み合わせに基づくワイナリー巡りや，ワイナリーと他の商品生産の農場や異業種との結びつきが重要になる。Rワイナリーの来訪者は健康志向が強いため，有機生産のワインや乳製品，野菜との組み合わせが重要になり，ワイナリーと有機農産物の生産農場とを組み合わせたツアーが多い。Rワイナリーを典型例とする小規模ワイナリーは，経営者家族の自己実現のために創業し，経済的利潤よりもワインの品質という非経済的利潤が優先されている。

3. カウチンヴァレーにおけるワイナリーの発展とその地域的効果

　カウチンヴァレーの16か所のワイナリーは，大規模なものと中規模なもの，および小規模なものに類型化できるが，大規模であっても小規模であっても1つのワイナリーとして顧客を維持し，生産したワインの販路を拡大することは容易

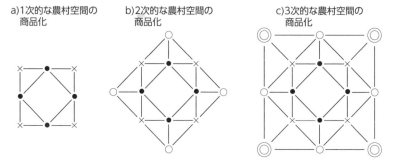

図8-5　カウチンヴァレーのワイナリーを中心とした農村空間の商品化モデル

なことでない。そのため，カウチ
ンヴァレーのワイナリーの多くは
複数のワイナリーと連携すること
で，あるいは複数のほかの商品生
産農場と連携することで，ワイン
の生産維持や販路拡大を図ってき
た。このようなワイナリー同士の
結びつきや，ワイナリーと他の商
品生産農場との結びつきのモデル

写真8-1　カウチンヴァレーの大規模ワイナリーで
　　　　設定されている農場内ツアー向け圃場
　　　　（2015年6月筆者撮影）

的状況を図8-5に示した。このモデルの構成要素は大規模から小規模までのワイ
ナリーと，カウチンヴァレーのワイナリー以外の商品生産農場である。ここでの
商品生産農場には，新規就農者の野菜農場や果樹農場，および既存の酪農場や牧
羊農場や馬産農場が含まれている。

　図8-5のa)によれば，1次的な農村空間の商品化は小規模ワイナリーと他の商
品生産農場との結びつきにより構築されている。小規模ワイナリーではオンリー
ワンのワインが醸造され販売されるが，ワイナリーそれ自体のアトラクションは
ほとんどない。そのため，1つの小規模ワイナリーはいくつかの特徴ある小規模
ワイナリーと組み合わされることにより来訪者を引きつけることができ，小規模
ワイナリーを結びつけたワインツーリズムは農村空間の商品化に大きく貢献する。
さらに，小規模ワイナリーはオンリーワンの商品生産を目指す小規模農場，例え
ば野菜生産や果樹生産の農場と結びつくことにより，農村空間の商品化はさらに
大きく展開する。特に，カウチンヴァレーでは地元食材を用いた食文化を推奨す
るスローフード運動が盛んであり，小規模ワイナリーと他の商品生産農場との結
びつきは農村空間の商品化にとって基礎的な単位となっている。

　カウチンヴァレーの中規模ワイナリーも栽培するブドウ品種を厳選し，質の高
いこだわりのワインを生産している。そのため，1つのワイナリーにおけるワイ
ンの種類や生産量は限定され，顧客の拡大には限界がある。そのため，中規模ワ
イナリーも小規模ワイナリーと同様に他の中規模ワイナリーや小規模ワイナリー
と組み合わされることにより，多くの来訪者を引きつけることができ，販路を拡
大させることができる。図8-5のb)に示した2次的な農村空間の商品化は，中規
模ワイナリーを取り込んだモデル的状況を示している。これによれば，中規模ワ

イナリーもほかの中規模ワイナリーや小規模ワイナリー，および地元の他の商品
生産農場と結びつき，スローフードの集積の利益やワインツーリズムの回遊効果
によって経営の安定化が図られている。

　カウチンヴァレーの大規模ワイナリーは多種類のブドウを栽培し，多様なワイ
ンを生産するだけでなく，レストランや農場内のツアーなど来訪者を満足させる
アトラクションを備えている(写真8-1)。大規模ワイナリーではみる，飲む，食
べる，過ごす，買うなどの一連のアトラクションが１つのワイナリーでほぼ完結
するため，他のワイナリーと結びつく必要がない。しかし，カウチンヴァレーの
大規模ワイナリーは小規模ワイナリーによる１次的な商品化を組み合わせた中規
模ワイナリーによる２次的な商品化の組み合わせと結びつき，図8-5のｃ)に示し
たような３次的な農村空間の商品化の結びつきを構築して来訪者や販路の広がり
を確かなものにしている。

　このような形で小規模ワイナリーから大規模ワイナリーまで結びつくことによ
り，カウチンヴァレーのワイン産業のブランド力が高まり，1990年代後半に台
頭するようになったほかのワイン産地の競争力を強化することにもつながった。
さらに，ワイナリーと地元農産物の生産農場とが結びつくことは，スローフード
運動を核とする農村空間の商品化にも寄与することになった。

◎参考文献
菊地俊夫・兼子　純・田林　明・仁平尊明・トム・ワルデチュック(2016)：カナダ・ブリティ
　ッシュコロンビア州のバンクーバー島カウチンバレーにおけるワイナリーの発展にみる農村空
　間の商品化．地理空間，9(1)，115-129．
Hall,C.M.,Sharples,L.,Camboume,B.and Macionis,N.(2000):*Wine Tourism around the
　World*. Routledge.
Cowichan Region Economic Development Commission(2010):*Cowichan Region Area
　Agricultural Plan*.Cowichan Valley Regional District.
Hynes,G.(2011):*Island Wineries of British Columbia*.TouchWood.
Dougherty,P.H.(2012):*The Geography of Wine*.Springer.
Ministry of Agriculture and Lands(2013):*Agriculture in Brief,Cowichan Valley Regional
　District*.British Columbia.

（菊地俊夫）

自然環境の保全と適正利用からみた
カナダ・ブリティッシュコロンビア州

1. カナダにおける国立公園と州立公園

　カナダにおける国立公園は，アルバータ州の西部，ブリティッシュコロンビア州との州境に位置するバンフ国立公園(Banff National Park)が1885年に指定されたことを始まりとしているが，カナダ議会で国立公園法が制定されたのはそれから45年後の1930年と遅い。それは，自然環境が保全・保護する対象なのか，それとも開発される対象なのかの国としての葛藤を反映していた。結果的には，国立公園は自然環境の保護・保全を主要な目的とする制度として位置づけられ，自然の探訪や学習などを行うことが国立公園の適正な利用として考えられてきた。カナダにおける国立公園の分布を示した図9-1によれば，41か所の国立公園があり(2020年現在では国立公園は48か所に増加している)，それらは主に都市から離れた遠隔地に展開している。そして，国立公園では人間の影響をあまり受けていない自然資源が原生自然として保全・保護されている。国立公園では自然資源を保全・保護するために，観光利用を抑制することが多く，その方法は入園料の徴収や利用の時間と人数の制限，あるいは区分管理(ゾーニング)など多様である。

　他方，カナダの州立公園は国立公園と同じく19世紀後半に設立された。カナダで初めての州立公園はアルゴンキン州立公園で，その設立は1893年にアルゴンキンオオカミとその生息環境の保全・保護を目的としていた。つまり，州立公園の大きな目的の1つは自然の環境や資源の保全・保護であった。しかし，州立公園にはもう1つ大きな目的があった。それは，自然環境のなかでのレクリエーションに対する都市住民の需要の増加が背景となり，レクリエーション空間や余暇空間の創出を目的とするようになったことである。したがって，国立公園が自然環境の保全・保護を主目的としているのに対して，州立公園は自然環境の保全・保護と適正利用を両立させ，都市住民の福利厚生に役立たせることが重要な目的となっている。

　カナダにおける州立公園の分布を示した図9-2によれば，州立公園の数は国立

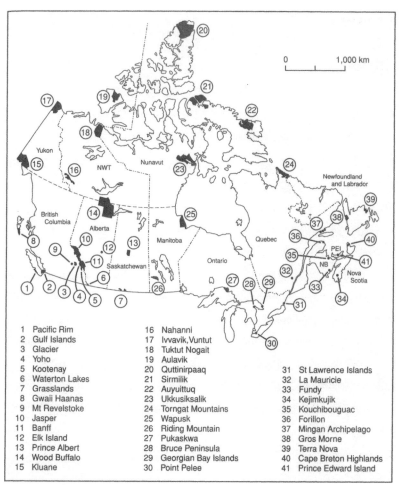

1	Pacific Rim	16	Nahanni		
2	Gulf Islands	17	Ivvavik, Vuntut		
3	Glacier	18	Tuktut Nogait		
4	Yoho	19	Aulavik		
5	Kootenay	20	Quttinirpaaq	31	St Lawrence Islands
6	Waterton Lakes	21	Sirmilik	32	La Mauricie
7	Grasslands	22	Auyuittuq	33	Fundy
8	Gwaii Haanas	23	Ukkusiksalik	34	Kejimkujik
9	Mt Revelstoke	24	Torngat Mountains	35	Kouchibouguac
10	Jasper	25	Wapusk	36	Forillon
11	Banff	26	Riding Mountain	37	Mingan Archipelago
12	Elk Island	27	Pukaskwa	38	Gros Morne
13	Prince Albert	28	Bruce Peninsula	39	Terra Nova
14	Wood Buffalo	29	Georgian Bay Islands	40	Cape Breton Highlands
15	Kluane	30	Point Pelee	41	Prince Edward Island

図9-1　カナダにおける国立公園の分布
　　　（Dearden and Rollins(2009)より引用）

公園より多く，カナダ国内各地に分布していることがわかる。特に，州立公園は
カナダ南部のアメリカ国境沿いに多く分布しており，それはカナダの総人口の約
75％がカナダ南部の都市域に集中していることに関係している。都市域におけ
る州立公園の多くは貴重な自然環境を保全・保護するために設置されているが，
都市住民の余暇空間やレクリエーション空間としても重要な役割を担っている。
一方，都市からの遠隔地であるカナダ北部の州立公園の数は少ない。それらの設

図9-2 カナダの州立公園の分布(各州政府ホームページにより作成)

立目的も自然環境の保全・保護が主体となっており, 国立公園の設立目的と近似
している。

2. ブリティッシュコロンビア州の自然環境の保全・保護と適正利用

　カナダのブリティッシュコロンビア州は変化に富んだ地形地質や気候に基づい
て, 多様な原生自然や生態系をもち, それらの保全・保護の状況からエコ・プロ
ビンスとして知られている。実際, ブリティッシュコロンビア州の州立公園は
1,030か所を数え, カナダの州・準州のなかで最多である。また, その総面積は
約1,400万haで, ブリティッシュコロンビア州の土地の14.4%を占める(2013年
現在)。したがって, この州では自然環境の保全・保護と適正利用が重要な課題
であり, 保全・保護すべき環境と適正利用すべき環境を分類・区分することが基
本的な取り組みとなる。自然環境の分類・区分は地域の環境資源を把握すること
からはじまり, それは大学などの研究機関や行政機関, あるいは民間の市民組織
の日常的で重要な取り組みの1つになっている。例えば, ブリティッシュコロン
ビア州では, 地域の環境資源を把握するために組織された団体として, コミュニ

ティ・グリーンマップ協会があり，その組織は環境の保全・保護と適正利用に関する取り組みの方向性を情報発信している。

　地域の環境資源を把握した後にしなければならない重要な課題は，把握した資源をどのように保全・保護し，適正利用を図るかを計画し，それを実践していくことである。これらの取り組みは，大学などの研究機関や行政機関で計画される場合が多い。さらに，自然環境の保全・保護と適正利用に関する実践はいくつかのレベルで重層的に行われている。つまり，ブリティッシュコロンビア州では自然環境を基盤とする自然公園が国立公園（連邦政府が管理）と州立公園・地域公園（州政府や広域行政圏が管理），および近隣公園（市町村や地域コミュニティが管理）とに区分されている。以上に述べてきたように，カナダにおける自然環境の保全・保護と適正利用に関する仕組みは，連邦政府，広域行政体，市町村，地域コミュニティが相互関連し，互いに補完し合いながら，それぞれの役割を果たしている。

3. 地域公園に関する取り組み

　地域公園の保全・保護と適正利用に関する管理主体としてヴィクトリア首都地域公園局（Capital Regional District Regional Parks：以下，CRD Regional Parks）がある。ヴィクトリア首都地域の地域公園は広域行政圏（ヴィクトリア首都行政体）が管轄管理するもので，国立公園（連邦政府が管理）や州立公園（州政府が管理），あるいは市（町）公園や個人公園（例えば，The Butchart Garden）と管理主体は異なる。CRD Regional Parksは1955年に設立され，約13,000haの地域公園と約100kmに及ぶ地域散策道（Regional Trail）を管理している（図9-3）。

　CRD Regional Parksが管理管轄する公園や散策道の面積は13,515haに及び，最大の公園は4,124ha，最小の公園は1.8haになる。地域公園は年間延べ730万人が訪れ，約2万人がCRD Regional Parks主催の648の環境プログラムに参加している（2017年実績）。CRD Regional Parksの運営は約50人のスタッフと約450人のボランティアで行われている。CRD Regional Parksの年間予算は研究プロジェクト費を含めて約300万カナダドルで，目的税として年間一世帯当たり10カナダドルをヴィクトリア首都地域の住民から徴収している。その他，寄付金を随時受けつけており，それは年間予算と別会計で利用されている。

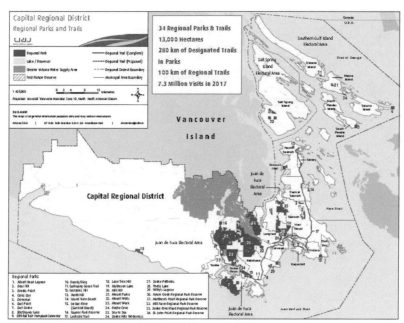

図9-3　CRD Regional Parksが管理する地域公園と散策道
　　　（Capital Regional District (2012) より引用）

　CRD Regional Parksの基本的な活動は，地域公園や散策道を管理運営し，都
市周辺の自然環境を保全・保護するとともに，都市住民のレクリエーションの場
を提供することにある。また，都市住民が自然環境を適正に利用し楽しむための
施設整備を行うとともに，環境教育プログラムを計画立案することも重要な活動
である。特に，公園利用者の適正利用を促進することが重要な活動になっている。
具体的には，公園の適正利用に関するガイド，公園内の植生や動物，地形や気候
などに関する解説板の設置，あるいは夏休みを利用して小学生や家族を対象とし
た環境教育プログラム（「森の落葉を集めてみよう」や「森の幹に耳をあててみよ
う」などのサマープログラム）が充実している。また，CRD Regional Parksは既
存の森林や農地などを保全・保護する目的で地権者から買い取っており，そのよ
うな土地の取得も土地開発や都市化から自然環境を守るために重要な活動である。
2017年には約1,000haの土地が取得され，公園局が管理するトラスト用地とな
った。取得された土地は自然地だけでなく，農地や放牧地も含まれ，それらは公
園緑地として保全されている。

次に，CRD Regional Parksが管理する地域公園（Regional Park）で，原生森林の保全地区として1979年に公園化されたFrancis/King Regional Parkの管理と適正利用の実態をみてみよう（写真9-1）。この地域公園はヴィクトリア市から10kmほど離れた場所にあり，都市住

写真9-1　Francis/King Regional Parkとその森林散策道の入り口（2005年8月筆者撮影）

民にとっては気軽に楽しめる自然公園になっている。公園の規模は109haで，ハイキングや乗馬，バードウォッチングなどができ，2017年の来園者は約8万人と多い。管理事務所には常駐の自然公園保護監督員1人がおり，その他に非常勤で7人程度のボランティアが地域公園の維持管理に協力している。この地域公園

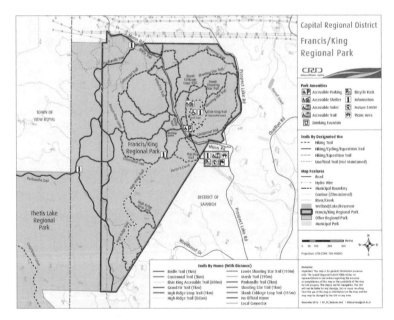

図9-4　Francis/King Regional Parkの散策路（公園パンフレットより引用）

の大きな特徴は，樅を主体とした原生森林が保全されていることや，林床にも草やキノコなど豊かな植生がみられることにある。この地域公園の維持管理と利用が原生森林の保全を目的として始まった経緯は，周辺の農林業開発と宅地開発による原

写真9-2　森林散策道の木道と自然観察の解説用看板
（2005年8月筆者撮影）

生森林の縮小にあった。特に，この森林がヴィクトリア市の近郊外縁に位置するため，別荘地や観光アトラクションの用地として無秩序に宅地開発が進む状況のなかで，地域の住民組織は公有林を森林保全地区として残すことを提案して実現させた。

　地域公園としての重要な役割は，都市住民に適正に利用してもらうことであり，そのための工夫が随所に行われている。公園入口の管理事務所を起点にして，森林内に主要な散策道を敷設し（図9-4），その散策道を木道にすることで，利用者が林床に入り込むことを防いでいる。また，木道の段差や階段をなくすことで車椅子での利用を可能にしている。つまり，地域公園は高齢者や障碍者含め誰でも利用できるような空間にすることが基本的な方針であり，管理事務所に常駐するスタッフは，それぞれの公園の特徴を把握しながら工夫することが求められている。また，原生森林に親しんでもらう試みとして，散策道には自然観察ポイントが設けられ，周辺の動植物や地形地質などに関する説明がクイズ形式でつくられ，案内板として建てられている（写真9-2）。このような案内板の解説やその仕方も，現地の管理事務所に任されており，現地スタッフはボランティアと協力して解説の案内板を作成している。地域公園の現地スタッフは，季節ごとに解説の案内板を変えたり，解説の更新を行ったりもしている。さらに，現地スタッフは週末に解説つきの原生森林ツアーを開催し，森林の自然を身近なものとして理解してもらう工夫も行っている。このような解説つきのツアーも家族向けや小学生向け，あるいはシニア向けなど多様なメニューを用意している。

4. 近隣公園に関する取り組み

　Rithe's Bog保全地区はサニッチ市自然公園部と地域住民が管理する近隣公園で，その規模は約36haである。この保全地区はヴィクトリア市のダウンタウンからバスで約20分のところにあり，周辺はヴィクトリア市の郊外住宅地として開発が進められ，一戸建ての住宅が多く立地している。保全地区として残されているところは湿地であり，住宅開発から取り残されたところでもある。実際，湿地周辺の丘陵地は宅地となっており，湿地と丘陵から湿地につながる斜面が宅地開発されずに残されている。湿地には，ヴィクトリア周辺の原生植生(樹木や灌木，草本類など)とともに，多様な鳥類や昆虫類が棲息している。ここでは，宅地開発やゴミの不法投棄などから湿地の生態系を保護するため，地域の住民組織(グリーンマップ協会や地域環境保全団体，およびボランティア協会など)が湿地の動植物の調査を行い，残された湿地を保全すべき自然地としてサニッチ市に1992年に提案した。サニッチ市は地域の住民組織の提案を受けて再調査し，保全すべき区域の設定と，その自然地の管理と適正利用を検討した。その結果，湿地はRithet's Bog保全地区として保全されることになった。

　サニッチ市自然公園部による管理が1993年から始まり，最初に保全区域計画に基づいて市が湿地を地権者から買い取った。結果的には，湿地をヴィクトリア市郊外の住宅地造成から守ることになった。次に行ったことは，買い取った湿地の管理と適正利用を計画することであり，その際の基本的なコンセプトは，湿地を保全・保護するだけでなく，自然公園として適正利用することであった。適正利用の計画として動植物の保全・保護を行い，湿地への自由立入は禁止として，湿地を一周できる散策道を

写真9-3　住宅地に囲まれたRithe's Bog保全地区の入り口と
　　　　　湿地周囲の散策道(2005年8月筆者撮影)

敷設した。散策道は1時間から2時間で回ることができ，都市郊外の住宅地における自然公園の役割を果たすことになった。実際，散策道は周辺の住民の散歩道やジョギング道として利用されるだけでなく（写真9-3），バードウォッチングの場所として都市住民に潤いを与えている。市の自然公園部では散策道に自然観察に関する説明の看板を設置し，散策道を訪れる人々の便宜を図っている。また，保全地区の日常的な管理は，地域の住民組織（ボランティア協会）の全面的な協力を受けている。例えば，散策道の清掃や修理，あるいは案内板の修繕などは週末のボランティア活動の主要なプログラムになっている。このような保全地区の設定と管理に必要な人材として，自然公園部では総合的な知識と判断力に加え，調整能力のある人材を求めている。

5. 取り組みの重層性と広域性

　カナダ・ブリティッシュコロンビア州の自然公園は国立公園と地域公園（州立公園を含む），および近隣公園に区分され，それらは保全・保護や適正利用の取り組みに少なからず違いがみられる。例えば，国立公園は自然環境を保全・保護することに，地域公園は自然環境の保全・保護と適正利用の調整をすることに，近隣公園は自然環境の適正利用に重点がおかれている。国立公園では入園料を徴収して，過剰な公園利用を防いでいるのに対して，地域公園や近隣公園では自然環境の適正利用を前提に，利用者のコモンセンスに基づいて公園利用の促進を図っている。このように，自然公園はその管理レベルによって運営方針や管理の取り組みに違いがみられるが，その根底には自然環境の保全・保護と適正利用が共通に認識されている。したがって，国立公園がストイックに自然環境の保全・保護を叫び，公園利用をさせないというわけでもないし，地域公園や近隣公園が利用を推進するあまり，自然環境の保全・保護を無視しているわけでもない。自然環境の保全・保護と利用に目を向け，それらを時代のニーズに対応しながら両立させることがブリティッシュコロンビア州の地域を性格づけている。

　他方，自然環境の保全・保護と適正利用の両立という課題を解決する方法の1つは，それらの課題に取り組む姿勢の重層性と広域性である。それぞれの管理レベルの自然公園は地域のニーズに対応して，自然環境の保全・保護と適正利用に個別に取り組んでいるが，それらの取り組みを関連づけたり，統合させたりする

システムが重層性である。例えば，自然公園の管理は管轄レベルに関わらず常勤スタッフだけでは困難であり，ボランティアの助けが必要になっている。このようなボランティアの養成は，すべての自然公園のボランティアに従事できることを前提に行っており，ボランティアやその養成が管轄レベル間の自然公園を相互に結びつける繋ぎ手の1つになっている。また，自然環境の適正利用を啓蒙する環境教育も，個々の自然公園で個別に実施されることもあるが，それぞれの管轄レベルの自然公園が協議し，共同の環境教育プログラムを実施することも多い。さらに，地域や利用者のニーズに応えて，それぞれの自然公園の地理的環境を考慮し，地域的に分業化するシステムも取り組みの重層化の1つである。一般的には，都市に近接して地域公園や近隣公園が，都市から少し離れたところに州立公園が，そして都市からかなり離れたところに国立公園が立地している。そのことにより，利用者が日常的に，あるいは週末に利用する自然公園と，非日常的に，あるいは長期休暇に利用する自然公園とに役割分担が図られている。このような役割分担によって，自然環境の保全・保護と適正利用の取り組みは，1つの地域のなかで完結するというものではなくなり，他地域との関連で進められるようになっている。したがって，自然環境の保全・保護と適正利用に関する取り組みは，広域的なものになっているといえる。

◎参考文献

Capital Regional District(2012):*Regional Parks Strategic Plan,2012-2021*.Capital Reginal District.
Capital Regional District(2012):*CRD Reginal Parks Annual Reports*.Capital Reginal District.
Dearden,P. and Rollins,R.(2009):*Parks and Protected Areas in Canada;Planning and Management*. Oxford University Press.

(菊地俊夫)

シドニーにおける都市観光のシンボルである世界文化遺産のオペラハウス
（2018年11月菊地俊夫撮影）

第Ⅲ部
オーストラリアの観光地誌

Ⅲ

　イギリス人が入植し，イギリス風の都市が建設されて以降，オーストラリアではヨーロッパや世界中の文化が入り込み，サラダボウル型の都市づくりが行われてきた。そのような多様な文化が都市づくりのなかに残りながら，新たな都市文化もつくられ，それが都市観光の魅力となっている。

　他方，農村は農産物や畜産物の大規模な生産地域として発達したが，一部の農村では都市住民のための余暇空間や観光空間としてPYO農場や観光牧場，あるいはワインツーリズムが発達した。このような農村観光の発展は都市とのコントラストや都市との近接性に基づいている。

　オーストラリアの都市や農村は原生の自然を開発することで発展してきた。しかし，原生の自然を保全し適正に利用することの重要さを認識し，開発や観光と自然の保全を共存させることで，自然ツーリズムが定着するようになった。いわば，オーストラリアの観光地誌は都市と農村と自然との共存・共生で特徴づけられる。

第10章

発展するビールツーリズムからみたシドニー

1. ヨーロッパ人の植民とその拡大

　ポートジャクソン湾のシドニーコーヴに流刑囚780人を含む約1,200人が1788年1月26日(現在はオーストラリア・デイとして祝日)に上陸し，イギリス人の植民は始まった(写真10-1)。オーストラリアが当初，流刑植民地としての役割を担ったのは，イギリスが従来の流刑地であったアメリカ植民地を失ったことと，イギリスの対蹠点(地球上で最も遠い位置)としてのオーストラリアの地理的位置が関係していた。オーストラリアは，最後の囚人輸送船が1868年に西オーストラリア植民地に到着するまで流刑植民地として機能し，80年間に約15.8万人の囚人が送り込まれた。オーストラリアに送り込まれた囚人数を男女別に植民地ごとにみると(表10-1)，ニューサウスウェールズ植民地とファン・ディーメンスランド(タスマニア)植民地に送られた囚人の男女比に大きな差があり，女性の囚人数はそれぞれ全体の約15%と少ない。このことは，同性同士の衝突や抗争などさまざまな社会問題を引き起こす原因となった。

　囚人によって開墾された土地では，食料が生産されたが，ほとんど収穫できない状況が1803年まで続いた。これは，表土の薄い痩せた土地と降水の少ない気

写真10-1　オーストラリアの
ポートジャクソン
湾におけるシドニ
ーコーヴ
(2009年3月菊地
俊夫撮影)

表10-1　オーストラリアの各植民地に送られた囚人の男女別数

地域	男(人)	女(人)	合計(人)
ニュウーサウスウェールズ植民地	66,414	12,083	78,497
タスマニア植民地	52,139	12,959	65,098
ノーフォーク島	3,668	0	3,668
メルボルン	1,727	0	1,727
ブリスベン	517	0	517
西オーストラリア植民地	na	na	9,635

(Commonwealth of Australia Yearbookにより作成)

候が農耕に不向きであったことと，熟練農業者が少なかったことに原因があった。小麦や羊毛などの生産が軌道に乗るのは1810年頃からであった。オーストラリアにおける商品生産は，牧羊業の父と呼ばれるマッカーサーが1797年に現在の南アフリカのケープ植民地からメリノ種の羊を導入したことを契機にしており，羊毛がイギリスに最初に輸出されたのは1807年であった。牧羊業の発展とともに，シドニー周辺の海岸平野での牧場経営は手狭となり，グレートディヴァイディング山脈を越えて内陸部の土地を利用するようになった。

　内陸部の土地開発は，入植者が広い土地を求めて移動することを促しただけでなく，自由移民の増加も促した。このような自由移民の増加によって，人口に対する囚人の割合は減少し，流刑植民地としての性格は確実に弱められ，シドニーは輸出品の羊毛やさまざまな物資の集散地となり，都市としての重要性を確かなものにした。しかし，植民地における勝者と敗者といった社会経済的な格差もシドニーという都市に蓄積するようになった。このような社会的なストレスを緩和する目的でビールやワインがアルコール度数の高いスピリッツよりも好んで飲まれるようになった。特に，ビールはメイトシップ(仲間意識)の高まりとともに各地に普及した。

2. オーストラリアにおけるビール産業のローカリゼーション

　オーストラリアのブルワリーは地域との結びつきが強く，そのことは現在でも人々のビールの好みに影響を与えている。例えば，多くの人々はヴィクトリア州のビールをヴィクトリアビターと認識し，ヴィクトリア州を代表するローカルブランドのビールとして愛飲している。同様に，オーストラリア人はスワンをパー

スの，XXXX（フォーエックス）をブリズベンのビールとして認識し，それぞれの地域で愛飲してきた。このことは，ナショナルブランドのビールが多くの人々に愛飲されている日本と大きく異なっている。このようにビール醸造が地域と強く結びついているのは，ビールの醸造や販売が地域の法律制度に基づいていたことと，ビールの商圏がインフラストラクチャーの未整備により限定されていたためであった。

　2016年時点のオーストラリアのビールの消費額は，アルコール総消費額145.5億オーストラリアドルの約40％を占めていた。しかし，アルコール飲料に占めるビールの消費額の割合は1960年代の約70％と比較すると，大きく減少している。このようなビール消費の減少傾向のなかで，クラフトビールの消費額は，2000年以降，毎年約10％ずつ増加し，2017年には13億オーストラリアドルに達した。オーストラリアでは大手ブルワリー3社（Lion Nathan,Carlton & United Breweries,Coopers）以外で醸造されたビールがクラフトビールであり，地域との強い結びつきに基づいて独特の技術やこだわりをもってビールがそれぞれ醸造されている。

　クラフトビールのブルワリー数をオーストラリアの州別に示した表10-2によれば，全体の数は2014年の267か所から2019年の659か所と急増しており，その増加率は約147％に及んでいる。2014年における州別のクラフトビールのブルワリーの分布では，ヴィクトリア州とニューサウスウェールズ州がそれぞれ83か所と75か所と卓越して多く，その傾向は2019年においても変わりない。2019年では，ブルワリーはニューサウスウェールズ州に187か所と最も多く立

表10-2　州別ブルワリー数の推移

	2014年10月	2019年7月	増加率(%)
ニューサウスウェールズ	75	187	149.3
クインズランド	26	98	276.9
南オーストラリア	27	68	151.9
タスマニア	11	34	209.1
ヴィクトリア	83	183	120.5
西オーストラリア	41	77	87.8
オーストラリア首都特別地域	3	8	166.7
ノーザンテリトリー	1	4	300.0
計	267	659	146.8

出典：Craft Beer Reviewer（http://craftbeerreviewer.com）

地し，次いで僅差であるが，ヴィクトリア州の183か所であった。これら２つの州以外ではクインズランド州（98か所）と西オーストラリア州（77か所）で多く立地していたが，上位２つの州と比較すると，ブルワリー数は半分ないし半分以下である。このようなブルワリーの分布は大手醸造メーカーのビール消費量とほぼ一致しており，ビール消費の伝統や量に基づいているといえる。

ブルワリー数をヴィクトリア州とニューサウスウェールズ州で比較すると，2018年まではヴィクトリア州で多く立地していたが，2014年以降，その差が徐々につまり，2019年にはニューサウスウェールズ州が逆転した。このことは，ニューサウスウェールズ州，特にビール消費人口の多いシドニー大都市圏のビールツーリズムの発展と無関係ではない。オーストラリアビールガイドによれば，2019年現在，シドニー大都市圏にはクラフトビールのブルワリーがニューサウスウェールズ州のそれの約70％に当たる129か所立地している。シドニー大都市圏にブルワリーが多く立地するのは，ビール消費人口が潜在的に多いことはもちろんのこと，シドニーの都市観光による国内外の入込客数が多いこと，あるいはクラフトビールに関する情報の発信や拡散がしやすいことなどがあげられる。

3. シドニー大都市圏におけるブルワリーの立地

1. シドニーにおけるクラフトビールの勃興

シドニーにおけるクラフトビールの展開は，1986年にブルーパブのThe Lord Nelson Brewery Hotelがロックス地区で開業したことに始まる。しかし，その後2010年代に入るまでブルワリーの増加は低調であった（Sammartino,2018）。その背景には，地元大手のラガービールに消費者の嗜好が集中し，新たな顧客を獲得するのが困難であったことや，小規模ブルワリーにとってスケールメリットが活かせなかったことなどにより，新規参入は難しかったことがあげられる（Deutsher,2012）。また，穀物原料ではなくモルトエクストラクトを使用して生産することも多く，ビールの品質や味わい自体にも問題があったため（Sammartino,2018），開業してもすぐに閉業に追い込まれるブルワリーも多かった。2010年代に入るとアメリカのクラフトビール・ブームの影響により，人々のクラフトビールに対する認識が変化したことで市場が拡大し，ブルワリー数が大幅に増加した。2019年現在，シドニー市には36か所のブルワリーが立地して

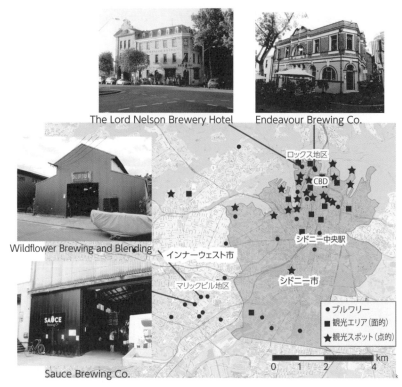

図10-1　シドニー市とその周辺におけるブルワリーの分布
　　　　（Craft Beer ReviewerおよびIndependent Brewers Associationデータより作成）

おり，オーストラリアのクラフトビールの一大拠点になっている。シドニー市と
その周辺部におけるブルワリーの分布を示したものが図10-1である。それによ
ると，ブルワリーは地域ごとにまとまりをもって分布していることがわかる。そ
のようなブルワリーの集積地は，都市内部の市街地とシドニー西側の郊外地域に
大別できる。

2. 都市内部に立地するブルワリーとビールツーリズム

　都市内部の市街地に立地するブルワリーは，主にロックス地区を中心に分布し
ている。ロックス地区はイギリス人によるオーストラリア植民の端緒となった歴
史地区であり，周辺で産出される砂岩を使用して建造された19世紀の建造物が
立ち並んでいる（写真10-2）。また，CBDや交通の結節点であるサーキュラーキー，

オペラハウスなどに近接しており，シドニーの都市観光の中心地となっている。そのため，ロックス地区はレストランやカフェも多く，平日，休日問わず観光者で賑わっている。そのような場所に立地するブルワリーの特色は，ビールだけではなく，それに合わせた料理も提供しているガストロノミックなブルーイングパブが多いことである。

写真10-2　シドニーのロックス地区
（2018年11月菊地俊夫撮影）

ロックス地区の典型的なブルワリーのThe Lord Nelson Brewery Hotelは，シドニー周辺における最古参のブルーパブである。「Hotel」と名前がついているように，

写真10-3　The Lord Nelson Brewery Hotelのバー
（2018年11月筆者撮影）

ブルワリーはイギリス植民地時代の1842年から営業を続けるホテル兼パブに併設されており，建物自体はニューサウスウェールズ州遺産にも指定されている。The Lord Nelson Brewery Hotelは植民地時代からの歴史や雰囲気を重視し，典型的なイングリッシュ・スタイルのエールビールを中心として醸造し，併設のパブで提供している（写真10-3）。パブでは8種類のビールがタップに繋がっており，イングリッシュ・ビターの「Victory Bitter」やイングリッシュ・ペールエールの「Trafalgar Pale Ale」，ポーターの「Nelson's Blood」などが提供されている。提供されるビールの銘柄名は，すべてオーストラリアの歴史やネルソン提督に因んでおり，それらのネーミングもまた人々を楽しませている。

The Lord Nelson Brewery Hotelでは，ブルワリー見学は受けつけてはいな

いが，ガラス越しに醸造設備やブルワーが働いている姿がみられる。パブはランチから毎日営業している。1階がスタンディングでも楽しめるバーに，2階がレストランになっており，1階ではポークパイやフィッシュアンドチップスなどの典型的なパブフードが提供され，2階では季節のシーフード料理やステーキなどのガストロノミックなオーストラリア料理が供される。このように，The Lord Nelson Brewery Hotelはさまざまなニーズに合わせた利用ができるようになっており，庶民的なパブとしての性格とガストロ・パブとしての機能を兼ね備えている。客層としては，CBDの近くに立地していることに加え，旅行ガイドブックやインターネットの旅行情報サイトで紹介されているため，地元の人々とともに観光者も多く来店している。

3. 都市郊外に立地するブルワリーとそれに関連するビールツーリズム

　都市郊外に立地するブルワリーの集積は，シドニー西郊のインナーウエスト市マリックビル地区にみられる（写真10-4）。マリックビル地区は，19世紀より豪商の館や庭園が立ち並ぶ高級住宅地であったが，現在では都市化により一般的な郊外住宅地と自動車修理関係のガレージや倉庫，中小工場などが立ち並ぶ工業地帯となっている。また，そのような工業に従事する移民もマリックビル地区に多く居住している。その一方で，近年ではアーティストや流行に敏感な若者たちにも人気の地域となっており，お洒落なカフェやレストランも増えるなどジェントリフィケーションが進行している。そのような時流に合わせるようにしてブルワリーの開業が2012年以降相次ぎ，2019年現在でマリックビル地区には12か所のブルワリーが立地している。マリックビル地区に立地するブルワリーの多くは，倉庫やガレージなどを改装して営業している。このことは，ブルワリーが工業地帯に立地し，広大な用地や建物が得やすかったことを反映している。

写真10-4　シドニー郊外のマリックビル地区
（2018年11月筆者撮影）

都市郊外型の典型的なブルワリーのWildflower Brewing and Blendingは2017年に開業したマリックビル地区のブルワリーである。ブルワリーは周辺のガレージ群の景観に溶け込むように，トタン張りのガレージでビールの醸造を行っている。また，ブルワリーは路地に入り込んだ，商売に不適当な場所に立地している。このような簡素な建物と立地は，マリックビル地区のブルワリーに共通している。ここで醸造されるビールは野生酵母の使用に特徴がある。一般にビールの発酵には人工的に培養された酵母が用いられるが，ここではブルワリーに生息する「蔵つき酵母」や野草から採取された酵母が用いられている。また，空気中に生息していたり，樽についていたりするバクテリアや乳酸菌などの微生物による発酵も同時に行われるため，「ホースブランケット(馬用の被服)」と表現される独特の香りと味わい，そして酸味をもつサワーエールが醸造される。

　Wildflower Brewing and Blendingでは野生酵母由来の風味とシャープな酸味が特徴の「Gold」と，酸味を抑えて，モルトの甘みを強めた「Amber」の2種類を主力銘柄としている。さらに，木樽でのエイジングやビール同士のブレンド，フルーツの漬け込みなどをすることにより，多様なスペシャルビールを醸造している。ここでは，主力銘柄に加えて，随時醸造されるスペシャルビールをブルワリー内で味わうことができる(写真10-5)。ブルワリーでは，月に1回ブルワリーツアーを行っている。また，週末には醸造の設備を片づけ，タップルームとして開放している。タップルームには発酵・熟成させるための木樽が並べられており，ブルワリーの環境下においてビールを楽しむことができる。タップルームでは食事は提供していないが，シドニーの他のブルワリーとは大きく異なるスタイルのビールを醸造しているため，わざわざビールを味わいに来る地元住民や観光者が多い。

写真10-5　Wildflower Brewing and Blendingの
　　　　　 タップルーム(2018年11月筆者撮影)

4. ビールツーリズムの発展からみるシドニー大都市圏

　シドニー大都市圏におけるビールツーリズムの展開を図10-2に模式的に示した。それによれば，ビールツーリズムは都市中心型と都市郊外型に大別できる。どちらのビールツーリズムもブルワリーを中心に展開していることに変わりないが，ビールツーリズムにおけるブルワリーの役割，および地域におけるビールツーリズムの役割に大きな違いがある。

　都市中心型のビールツーリズムでは(図10-2のa)，特徴的なビールを生産するブルワリーを訪れてビールの生産プロセスやビールを味わうことが重要な観光アトラクションである。それと同様に，ブルワリーの周辺のパブやレストラン，あるいはカフェを訪れて，ビールとともに食事を楽しむことも重要な観光アトラクションになる。また，それらの施設で食事を摂ることにより，地域の特徴的な食事や食材との出会いも楽しむことができ，そのことが食事後の買い物行動や市街地の散策の契機にもなる。観光者の散策はブルワリー周辺の公園や博物館・美術館などの観光施設にまで及ぶことになる。つまり，都市中心型のビールツーリズムは，1つのブルワリーを核として周辺の観光施設や観光アトラクションを結びつけることにより面的に広がるパターンとして展開している。それは，ブルワリーを中心とした1つのセットであり，1つのセットで観光者は長時間にわたって地域に滞留し楽しむことができる。

　他方，都市郊外型のビールツーリズムでは(図10-2のb)，ブルワリーが核となってビールツーリズムが展開していることに変わりないが，ブルワリーの役割は都市中心型のものと大きく異なる。都市郊外のブルワリーは周辺のパブやレストラン，あるいはカフェとの結びつきが少ない。また，住宅地や工業地帯に立地しているため，その他の観光資源や観光施設に乏しい。そのため，観光者が地域に長時間滞留することは難しい。しかし，観光者がビールツーリズムとしてブルワリーを訪れ，長時間滞留することができるのはブルワリー自体の魅力によるものである。都市郊外のブルワリーはそこでしか味わえないような，より特徴的なビールをさまざまな原料や技術で生産し，それらの種類も多く，観光者は時間をかけて何杯もビールを飲むことになる。また，ブルワリーが集積して立地していることから，異なる特徴をもつブルワリーを複数訪ねることができ，それは観光者が地域に長時間滞留することにつながっている。さらに，観光者は特徴的なビー

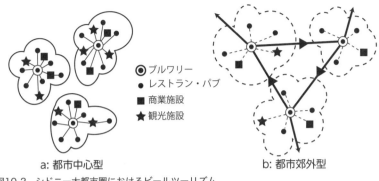

a: 都市中心型　　　　　　　　b: 都市郊外型

凡例:
◎ ブルワリー
● レストラン・パブ
■ 商業施設
★ 観光施設

図10-2　シドニー大都市圏におけるビールツーリズム

ルを楽しむためにブルワリーをいくつか訪ねて回遊するため，都市郊外型のビールツーリズムは線的なパターンで展開する。

　以上に述べてきたように，シドニー大都市圏のビールツーリズムは面的に展開する都市中心型と，線的に展開する都市郊外型とに大別できる。都市中心型のビールツーリズムは，都市における観光の施設やアトラクションを，ビールツーリズムやブルワリーを核にまとめて再編し，コンパクトな都市観光を提供している。他方，都市郊外型のビールツーリズムでは，多くのブルワリーが工場や倉庫の立地移動により荒廃化した工業地区や卸売倉庫地区に立地している。そのような地域に観光者の動線をもたらすことにより，地域の活性化が図られている。

◎参考文献

Alonso,A.D.and Alexander,N.(2017)：Craft beer tourism development"Down Under": Perspectives of two stakeholder groups.Tourism Planning & Development 14(4):567-584.

Deutsher,K.M.(2012)：*The Breweries of Australia: A History.2nd ed.*Beer & Brewer Media.

Iizuka,R and Kikuchi,T.(2016)：Village of high fermentation:brewing culture-based food tourism in Watou,West Flanders,Belgium.European Journal of Geography 7(1):58-72.

Sammartino,A.(2018)：Craft Brewing in Australia, 1979-2015,In Garavaglia,C. and Swinnen,J.Economic Perspectives on Craft Beer: A Revolution in the Global Beer Industry,Palgrave Macmillan: 397-424.

Slocum,S.L.2016.Understanding tourism support for a craft beer trail:The case of Loudoun County,Virginia.Tourism Planning and Development 13(3):292-309.

（飯塚　遼）

発展するワインツーリズムからみた
農村空間のハンターヴァレー

1. ハンターヴァレーにおけるワインツーリズムの地理的基盤

　ハンターヴァレーは，オーストラリア最大都市のシドニーから北へ約150km
にある農村地域であり，オーストラリアで最初にブドウが栽培されたことで知ら
れている。それは，この地域は夏の平均気温が21.1℃，冬の最低気温が4.4℃，
年間降水量は750㎜と地中海性気候に類似しているためであった。さらに，ハン
ターヴァレーの波浪状の丘陵地はブドウ栽培の適地にもなった。特に，白ワイン
用のブドウ栽培に適した沖積砂質土と，赤ワイン用のブドウ栽培に適した火山灰
土と粘土ロームの土壌条件が丘陵地の斜面や台地に分布していた。ニューサウス
ウェールズ州のブドウ栽培の収穫面積の分布を示した図11-1によれば，マラム
ビジー地域が醸造用ブドウ栽培の最大の産地であり，ハンターヴァレーは最大の
産地ではない。マラムビジー地域の農場はブドウ栽培のみのものが多く，ワイン
醸造を行う農場は少ない。しかし，ハンターヴァレーの多くの農場は大都市シド
ニーに近接しているこ
とにより，ブドウ栽培
と良質なワイン醸造，
およびワインツーリズ
ムを共存させてきた。

　ハンターヴァレーは
ワインの醸造やツーリ
ズムの盛んな地域であ
るが，地域の基幹産業
はニューサウスウェー
ルズ州の輸出量の約
90％を占める石炭の
採掘である。炭鉱業の

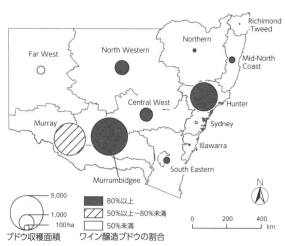

図11-1　オーストラリアのニューサウスウェールズ州における
　　　　2011年のブドウ収穫面積（農業センサスより作成）

もたらす経済的な利益は年間100億オーストラリアドルであり，ワイン産業の2億オーストラリアドルと比較すると，その重要性の違いがわかる。現在でもハンターヴァレーの炭鉱業のシェアは大きく，年間2億トン，オーストラリア全体の約80％に相当する量の石炭を採掘している。しかし，石炭は再生不可能な地域資源であり，地域にとって持続的な発展があまり望めない産業である。そ

写真11-1　ハンターヴァレーにおける波浪状の
　　　　　丘陵地形とブドウの栽培景観
　　　　　（2014年2月筆者撮影）

のため，再生可能な地域資源の活用として醸造用のブドウ栽培とワイン生産，およびそれらに関連したツーリズムがハンターヴァレーにとって重要になる。基本的には，波浪状の丘陵地を生かしたブドウ栽培（写真11-1）と，丘陵地を採掘する炭鉱業は相容れないものである。そのため，ワインツーリズムは炭鉱業と異なるビジネスモデルとして期待されている。

2. ハンターヴァレーにおけるワインツーリズムの発展

　ハンターヴァレーを流れるハンター川はイギリス人によって1797年に発見されると，シドニーとその周辺地域への輸送路として用いられ，ハンターヴァレーは蒸気船で運搬する木材や石炭の供給地として重要となった。他方，ハンター川の砂州は農地に適していたため，ハンターヴァレーでの穀物農業と牧羊業が急速に発展し，それらは地域経済を支えてきた。醸造用ブドウの栽培が1820年にハンターヴァレーに導入されたが，それは試験的なものであった。この時にもち込まれたブドウはヨーロッパと南アフリカの600もの栽培品種で，それらは家族経営農場の片隅の小規模なブドウ畑で栽培された。この小規模なブドウ畑は徐々に面積を増やし，1840年までに40haを超える規模に拡大した。これが，現在のハンターヴァレーにおける家族経営型ブドウ畑の起源となっている。

　ハンターヴァレーのなかでも，セスノック地域のポコルビン地区は1930年までにワインの生産地として周知されるようになり，そこで生産されたワインはシ

ドニーやメルボルンでの評判を高めた。1930年代後半から1950年代にかけては，世界恐慌や第2次世界大戦，あるいは内外の他地域で生産された廉価なワインの台頭などにより，ハンターヴァレーにおけるワインの販売量が低迷した。しかし，多くのワイナリーは質の高いワインの生産を追求し続け，その努力は1950年代の世界的なワインブームによって報われた。良質なワインが世界的に求められ，ハンターヴァレーのワイン産業は再び活気づいた。特に，訪問者にワイナリーにおいてさまざまなワインをテイスティングさせ，直売することがワイン産業の発展にとって重要なアトラクションになった。

　1970年以降，ワイナリーはそれぞれでセラーをもち，そこで自社のワインのテイスティングと販売が行われた。つまり，個々のワイナリーでなければ購入できない，少量で良質なワインを求め，多くの人々はツーリズムとしてハンターヴァレーを訪問するようになった。このように，ワイン産業と観光を結びつけたのが良質でこだわりのワインを生産するブティックワイナリーの存在であった。2012年現在のワイナリーは140か所に及んでいる。2011年のハンターヴァレーにおけるブドウ栽培面積の分布を示した図11-2によれば，ブドウ畑はハンターヴァレーにおいて偏在し，南部のセスノック地域に集中している。セスノック地域は土地条件的にブドウ栽培に適しているだけでなく，炭鉱業の分布する北部地域と差別化されている。また，セスノック地域はブドウの栽培面積が広いだけでなく，ブドウ栽培率(ブドウ栽培面積/全土地面積)も高く，ハンターヴァレーの

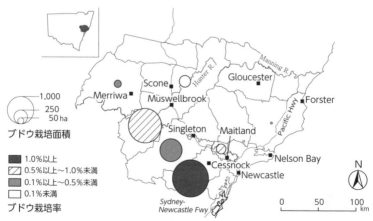

図11-2　ハンターヴァレーにおけるブドウ栽培面積(2011年)
(農業センサスより引用)

ワイン産業の中心地になっている。

3. ハンターヴァレーにおけるワイナリーの分布パターンの変化

　ハンターヴァレーのワイナリーの分布パターンの変化を明らかにするため，66か所のワイナリーの創業年と経営内容，およびツーリズムのアトラクションなどに基づいて，1900年頃と2011年におけるワイナリーの分布パターンの変化を検討する。1900年頃のワイナリーの分布パターンを示した図11-3によれば，ワイナリーはセスノック地域の中心地のポコルビン地区で交わる幹線道路のBroke RoadとMcDonalds Road沿いに多く立地していた。これは，それぞれのワイナリーが醸造したワインを，消費地であるニューカッスルやシドニーに輸送しやすい場所に立地していたことを示している。

　2011年になると，ワイナリーはWine Country Drive周辺をはじめとしたBroke Road以北への立地展開が始まり，さらに西側に南北に伸びるHermitage Roadの外側にも立地が拡大した（図11-4）。つまり，ワイナリーは主要道路沿いからその外側に立地展開するようになり，ワイン生産も1900年頃と異なる性格をもつようになった。

Hermitage Roadはセスノック地域の中心から離れ，バスなどの公共交通手段もないことから，そこでのワイナリーへのアクセスは自家用車，あるいはツアー会社のバスということになる。Hermitage Roadのワイナリーの多くは，

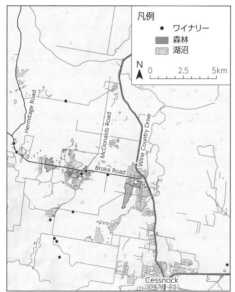

図11-3　1900年頃のハンターヴァレーのセスノック地域におけるワイナリー分布
（聞き取り調査およびハンターヴァレー観光協会ホームページより作成）

1980年代から2000年代にかけて立地するようになり，それはワインツーリズムが道路網の整備と相まって発展したことと関係している。

　次に，ハンターヴァレーの50か所のワイナリーを小規模なものと大規模なものに分類した。ブドウ畑の規模では50haが，そこで栽培されるブドウの種類に関しては，赤ワイン用と白ワイン用を合わせて10種類が大規模と小規模を分ける基準となる。ワインツーリズムにおいて，テイスティングと販売は大規模と小規模なワイナリーの共通したアトラクションである。しかし，大規模ワイナリーの多くは飲食施設や宿泊施設，あるいはワインツーリズムと関係しないテニスコートやゴルフ場なども併設している。さらに，ワイナリー内の醸造設備やブドウ畑をめぐるツアーも用意されている。他方，小規模ワイナリーはテイスティングや直売に力を入れており，飲食施設は併設されていない。

　ハンターヴァレーにおける大規模ワイナリーと小規模ワイナリーの分布パターンを図11-5に示した。これによれば，大規模なワイナリーは24か所あり，それらの立地はセスノック地域全体に広がる傾向があるが，概して中心部のポコルビン地区とその周辺に立地している。これは，大規模ワイナリーの半数が1900年以前に操業を開始した老舗であることと関係している。それらの老舗ワイナリー

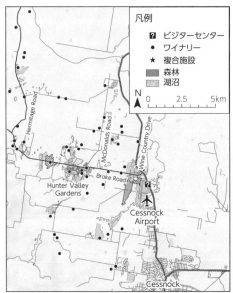

はかつて醸造したワインを大都市で販売するため，ワインの輸送しやすさから幹線道路沿いの結節点となるセスノックの中心部やその周辺に立地した。大規模ワイナリーの残りの半分は中心から離れた場所に立地し，それらの操業は1984年以降になる。1984年

図11-4　2011年におけるハンターヴァレーのセスノック地域におけるワイナリー分布（聞き取り調査とハンターヴァレー観光協会ホームページより作成）

図11-5 2011年におけるハンターヴァレーのセスノック地域におけるワイナリー分類とその分布パターン
（聞き取り調査とハンターヴァレー観光協会ホームページより作成）

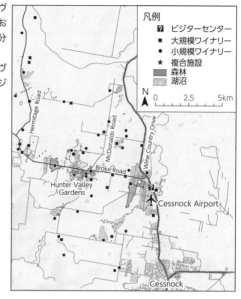

以降に立地した大規模ワイナリーはワインツーリズムの発展を見据えてマスツーリズムに対応した観光者受入設備を充実させた。つまり、大型バスが10台以上、自家用車が50台以上収容できる駐車場があり、同時に10グループ以上対応できるテイスティング・ルームや直販スペース、および飲食や宿泊、スポーツ・レクリエーションなどのアトラクション施設も完備された。

　一方、小規模ワイナリーの多くは1984年以降に立地しており、それらはワインツーリズム発展の契機となったブティックワイナリーとして特徴づけられる。ブドウ畑の規模は10haから20haであり、テイスティングカウンターと直販コーナー以外の施設は設けられていない。個々のワイナリーでは、赤ワイン用と白ワイン用のブドウがそれぞれ3種類程度に厳選され、ユニークで質の高いワイン醸造が行われている。小規模ワイナリーは大規模ワイナリーと比較して目立つ立地ではないが、ワインツーリズムの顧客は少なくない。それは、世界的な品評会で受賞したワインや、マスコミなどで紹介された希少価値の高いワインなど、ハンターヴァレーに来なければ飲むことのできないワインを観光者に提供しているためである。そして、観光者はそのような小規模なブティックワイナリーを複数訪問することで、自分好みのワインやこだわりのワインを探し出すことができる。その他の小規模ワイナリーも地域の酪農場や牧羊農場、あるいは果樹栽培農場などを組み合わせて、大規模ワイナリーやブティックワイナリーにないワインツーリズムを発達させている。

4. ハンターヴァレーにおけるワインツーリズムの展開

1. 大規模ワイナリー

　Aワイナリーは1900年以前に醸造を開始した老舗のワイナリーで，セスノック地域の中心部のポコルビン地区に立地している。本来はタウンシップによって獲得した約80haの農場で，羊や牛の牧畜経営が行われていた。しかし，牧畜経営の先行きが不安定なことや，大都市におけるワイン販売に可能性があったことなどを理由に，牧畜農場はブドウ栽培とワイナリーの経営に変わっていった。当初は，安くてうまいワインを大都市の消費者に提供していたが，1930年代以降は「安くて低質なワイン」という風評に反発して，質の高いワインを廉価なワインとともに醸造するようになった。現在では，約60haのブドウ畑でシャルドネ，ピノ・グリ，リースリングなどの白ワイン用のブドウと，カベルネ・ソーヴィニヨン，ピノ・ノワール，メルロー，シラーズなどを中心とする赤ワイン用のブドウが栽培され，早摘み・普通摘み・遅摘みなどの時期と，機械摘み・手摘みなどの方法を変えて収穫されている。そのため，Aワイナリーで醸造されるワインの種類は白ワインや赤ワイン，ロゼワインだけでなく，摘み方を変えたブドウによるワインが30種類以上醸造されている。

　Aワイナリーは大量の大型バスや自家用車に対応した広い駐車場をもち，一度に多くの観光者の対応ができるテイスティングルーム（写真11-2）や直販スペースも備えている。その他，飲食施設や宿泊施設などもあり，醸造見学ツアーやブドウ畑見学ツアーなども用意されている。つまり，ここでのワインツーリズムはAワイナリーのみで完結できるような仕組みになっている。そのため，Aワイナリーにおける観光者の滞留時間も約2時間と長い。Aワイナリーはいくつかの大

写真11-2　ハンターヴァレーの大規模ワイナリーに完備しているグループ用のテイスティング・ルーム（2014年4月筆者撮影）

規模ワイナリーやシドニーの会社と連携して，シドニーからの日帰りワインツアーも実施しており，ワインツーリズムを順調に発展させてきた。しかし2000年以降，ワインツーリズムの観光者数は観光需要の飽和状態から横這いで推移し停滞した。そのため，Aワイナリーは他の大規模ワイナリーと協力して新たな観光アトラクションを開発した。それは広大なブドウ畑を借景として利用でき，大量のワインを提供できるウェディング事業である。Aワイナリーのウェディング開催は，2011年現在，524件に及んでいる。

2. 小規模ワイナリー

　Bワイナリーは1951年に20haの農場を購入してブドウ栽培を行うようになり，1958年頃から醸造を開始した。Bワイナリーのオーナーはもともとニューカッスルでワイン販売業に従事していたが，自分の好みのワインを醸造したいという夢から，ワイン醸造を始めた。そのため，Bワイナリーは，白ワイン用と赤ワイン用のブドウをそれぞれ4種類程度栽培しているのみで，ユニークで質の高いワインを醸造する家族経営のブティックワイナリーとなっている。醸造したワインはニューカッスルやシドニーの特約のワインショップやレストランに販売され，残りがワイナリーで直販されている。Bワイナリーのワインの質の高さやユニークさは口コミで広がり，品評会での受賞やマスコミでの紹介を契機に，多くの観光者がセスノック地域の中心部から離れているにもかかわらず訪れている。しかし，Bワイナリーには，テイスティングと直販のスペースがあるだけで(写真11-3)，飲食施設はないため，観光者の滞留時間は1時間程度と短い。そのため，Bワイナリーは他のブティックワイナリーと連携して，ブティックワイナリーをめぐるワインツーリズムを実施している。

　また，別のタイプの小規模ワイナリーとしてCワイナリーがある。Cワイナリーは20haのブドウ畑を所有し，1950年頃からワイン醸造を始めた。ブティックワイナリー以外の小規模ワイナリーの多くは，大規模ワイナリーの下請けとしてワインを醸造しており，その特徴は大規模ワイナリーとの特約に基づいて1種類のワインの醸造に特化していることである(写真11-4)。Cワイナリーは白ワイン用のリースリングのブドウを栽培し，リースリングワインを専門的に醸造してきた。しかし，1960年代以降，ワインツーリズムが発達するようになると，1種類のワインに特化したワイナリーとして注目されるようになり，観光者が訪れる

写真11-3　ハンターヴァレーのブテ
　　　　　ィックワイナリーにおけ
　　　　　るワインのテイスティン
　　　　　グ
　　　　　（2014年4月筆者撮影）

写真11-4　ハンターヴァレーにおけ
　　　　　る大規模ワイナリーにワ
　　　　　インの桶売りをする小規
　　　　　模ワイナリーのブドウ畑
　　　　　（2014年2月筆者撮影）

ようになった。そのため，Cワイナリーは大規模ワイナリーの下請けを行いなが
ら，独自のブランドのワインを醸造することになった。しかし，Cワイナリーの
ような小規模ワイナリーでは観光者の滞留時間が短いだけでなく，労働力やスペ
ースが不足しているため，多種類のワインやアトラクションを提供することはで
きない。Cワイナリーはワインツーリズムの発達を契機に，小規模ワイナリーや
他の農場と連携し，乗馬体験や家畜とのふれあい，あるいは果樹やベリー類の摘
み取り体験などをワインツーリズムに取り込んでいる。

5. ハンターヴァレーのワインツーリズムの性格

　ハンターヴァレーでは，大規模ワイナリーがワインツーリズムの中心的な担い
手であり，それぞれは単独で完結するワインツーリズムを実施している。しかし，
ワインツーリズムの観光者数の停滞を契機に，大規模ワイナリーはウェディング

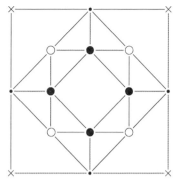

凡例
● 大規模ワイナリー

○ ブティックワイナリー
（小規模ワイナリー）

・ 小規模ワイナリー

× ワイナリー以外の農場
（酪農場,野菜栽培農場,果樹栽培農場）

図11-6　ハンターヴァレーにおけるワインツーリズムの空間構造

事業などで他のワイナリーや農場と連携するようになっている。ブティックワイナリーもユニークで質の高いワインを生産することで観光者を誘引していたが，1つのブティックワイナリーだけでは限界があり，複数のブティックワイナリーと連携してワインツーリズムを実施している。さらに，ウェディング事業などを通じて，大規模ワイナリーと連携するようになり，大規模ワイナリーと組み合わせたワインツーリズムも行われている。一般的な小規模ワイナリーは，大規模ワイナリーとワイン桶売りの下請け関係で結びついている。またワインツーリズムの発展にともなって，小規模ワイナリーも1種類のワインを醸造する専門性を活かしながら，多様なワインを観光者に提供するため，他のワイナリーと連携し，多様な観光アトラクションの提供のために酪農場や野菜栽培農場，果樹栽培農場と連携している。したがって，ハンターヴァレーのワインツーリズムは，大規模ワイナリー，ブティックワイナリー，一般的な小規模ワイナリー，およびワイナリー以外の農場が連携し合い，入れ子的な地域構造で性格づけられる（図11-6）。

◎参考文献

Mitchell,R.,Charters,S.and Albrecht,J.N.(2012)：Cultural systems and the wine tourism product.Annals of Tourism Research 39(1)：311-335.

Stolk,P.(2013)：*Hunter Valley Wine Country Tourism Monitor 2012 Annual Report.*The University of Newcastle.

Hall,C.M.(1998)：Wine tourism in Australia and New Zealand.Tourism and Recreation in Rural Areas 12:197-224.

（菊地俊夫）

第12章　国立公園の自然ツーリズムからみた　オーストラリア

1. オーストラリアの観光資源としての自然と国立公園

　オーストラリアは観光資源としての自然を保全するため，国立公園の枠組みで積極的な管理と適正利用を行っている。オーストラリアは，赤く乾いた大地で象徴されるように，農耕の限界降水量である年降水量400mm未満の乾燥地が約53％を占める大陸である。乾燥地の多くでみられる赤土は水分の補給がなく，鉄分が酸化する現象(ラテライト化)により生じており，大陸中央部に広がるグレートサンディー砂漠やグレートヴィクトリア砂漠といった象徴的な景観を形づくっている。オーストラリアでは，人間が居住し快適な生活を送るためには800mm以上の年降水量が必要とされ，そのような地域は雨林や硬葉樹(ユーカリ)の森林が発達する大陸の東海岸や西海岸の一部に限定される。実際に，オーストラリアの人口の約90％がこの年降水量800mm以上の湿潤地域に居住している。湿潤地域では多くのヨーロッパ人が植民し，土地を開発していったことによって，貴重な自然環境の資源が多く失われていった。それらの資源を保全するために，国立公園の制度が導入されている。オーストラリアにおける国立公園の制度は，アメリカの制度と共に発展してきたが，アメリカの国立公園では保全や保護といった側面が強く意識されており，オーストラリアではレクリエーションや観光の側面が強く意識されている(Hall and Page 2006)。

　オーストラリアにおける国立公園と年降水量の分布を示した図12-1によれば，国立公園の多くが東海岸の年降水量800mm以上の地域に集中していることがわかる。これらの国立公園は人間の居住空間と隣接し，多くの利用者に訪問され，より日常性の強い身近なレクリエーション空間として機能してきた。一方，年降水量800mm未満の乾燥地では，国立公園の分布は相対的に少なく，概ね一様なパターンになっている。これらの地域は，水が得にくく，居住環境や農耕環境には適していない。また，人口密度は1人/km^{2}以下と低く，粗放的な放牧業が展開するにすぎず，手つかずの資源が多く残されている。これらの資源を保全する

ための国立公園が，一様で低密度な分布パターンとなって，乾燥地に表れている。また，乾燥地における国立公園は人間の居住空間からも離れているため，湿潤地域に分布する国立公園よりも身近な存在ではない。そのため，乾燥地の国立公園では非日常性の強いレクリエーション空間が形成されている。

図12-1　オーストラリアにおける国立公園と年降水量の分布（New South Wales Government（2009）ほかより作成）

2. オーストラリアの国立公園の類型化

　オーストラリアの国立公園を利用性（アクティビティの能動性と受動性）と資源性（脆弱性や回復力，日常性や非日常性），および管理性（制限と自由，制度の拘束力）に基づいて分類すると，3つのタイプに類型化できる（図12-2）。タイプ1の国立公園は110か所と多い。これらの国立公園では能動的な利用が中心的に行われている。能動的な利用は観光者が自由に資源利用できることで，その観光行動は常識の範囲で許容される。タイプ1の国立公園の分布を図12-2でみると，それらは主に州都近郊に位置していることがわかる。また，これらの国立公園では乗馬や遊泳などの能動的なアクティビティが盛んである。タイプ1の国立公園の典型として，ブルー・マウンテンズ国立公園があげられる。

　タイプ2の国立公園は脆弱性が高く，回復力の弱い資源性をもっており，サービスを限定して管理を強化するという特徴をもっている。また，このタイプ2の国立公園では能動的なアクティビティよりも，ガイドツアーなどの受動的なアクティビティが中心となる。タイプ2の国立公園はオーストラリア内陸部を中心に分布しており，これらの地域はアウトバックと呼ばれる人口の少ない地域である（図12-2）。タイプ2の典型的な国立公園として，ウルル-カタ・ジュタ国立公園があげられる。

　タイプ3の国立公園は，脆弱であるが回復力が比較的強い資源性で特徴づけられ，外国人観光客にも好まれている。また，脆弱な資源は適正に管理・利用され

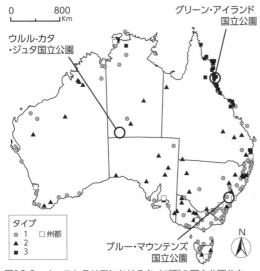

図12-2　オーストラリアにおけるタイプ別の国立公園分布

ており，それに基づいて能動的な観光アクティビティが行われている。タイプ3の国立公園のほとんどは北東部の海岸付近に分布している（図12-2）。それらのなかで典型的な国立公園はグレートバリアリーフ海洋公園内に位置するグリーン・アイランド国立公園である。

3. ブルー・マウンテンズ国立公園

　ブルー・マウンテンズ国立公園（2000年に世界自然遺産登録）はニューサウスウェールズ州の湿潤地域に位置し，海岸平野と内陸盆地の分水嶺となるグレートディヴァイディング山脈の温帯雨林の自然景観が主要な環境資源となる。ブルー・マウンテンズ国立公園の特徴的な自然景観は，比較的低平な山脈と傾動地塊によって構成されている。傾動地塊は褶曲した地層の選択侵食により山脈の東斜面と西斜面が非対称となる地形である。そのため，山脈の西側では緩斜面が連続して低平な平原が広がっているのに対して，山脈の東側は急斜面で，シドニーの海岸平野からみると衝立のように立ちはだかってみえる。急斜面の崖には，スリーシスターズと呼ばれる奇岩などがみられる（写真12-1）。山脈には91種のオーストラリア固有のユーカリが広く自生している。ユーカリは油成分を多く含み，その油成分が気温の上昇とともに気化して空気中に拡散する。このような油成分によって太陽光の青のスペクトルが際立ち，人間の目には山並みが薄く青色の靄がかかってみえる。この幻想的で魅力的な自然景観がブルー・マウンテンズの語源となる。ユーカリの森は湿潤気候により温帯雨林となり，固有の植物相や動物相が多様に展開している。このような生物多様性の保全がこの国立公園の魅力で

ある。なかでも，ウォレミマツ（Wollemi Pine）は世界最古の樹種の１つであり，ブルー・マウンテンズの代表的な固有種になっている。

ブルー・マウンテンズ国立公園を訪れる観光者は，2007年現在，年間約2,700万人で，そのうち外国人は全体の約10％の約270万人である。

写真12-1　ブルー・マウンテンズ国立公園の奇岩スリーシスターズ
（2008年2月筆者撮影）

他方，オーストラリア人観光者は約2,450万人と多く，なかでも日帰りのオーストラリア人観光者が約1,700万人と観光者全体の約63％を占めている。このように，日帰り観光に特化しているのは，ブルー・マウンテンズ国立公園の地理的位置と関連している。この国立公園は，シドニーの西方80kmから120kmの位置にあり，シドニー大都市圏に近接している。都心からの鉄道や自家用車によるアクセスも約１時間と良好であり，オーストラリア人は気軽にレクリエーションや余暇を楽しむことができる。

ブルー・マウンテンズ国立公園は大きくブラックヒース地区とカトゥーンバ・レウラ地区，およびウェントワースフォール地区の３つに分けられる。地区別の散策路を示した図12-3によれば，散策路の起点は幹線道路に近接したビジターセンターやピクニックエリアになる。それらの起点からそれぞれ７つないし８つの散策ルートが提供されている。それぞれの散策路の所要時間は短いもので約20分，長いもので約５時間であり，散策路は利用者の都合に応じて設置されている。散策路の難易度も低度・中度・高度の３段階に区分され，車いすで利用できるものや簡単に歩けるものから，急斜面やステップがあって多くの体力を要するものまで多様にある。ルート形態も片道のものや往復のもの，あるいは回遊式のものなどがある。このような散策路の多様性は利用者の多様な属性とニーズに応えることと，ユニバーサルデザインを反映したものになっている。

ブルー・マウンテンズ国立公園では，利用者が増加し，さまざまな利用がなされている。そのため，環境資源の保全と利用者の管理が重要になっている。ブルー・マウンテンズ国立公園は多様で大量な利用者を「誘導」という手段で管理し，

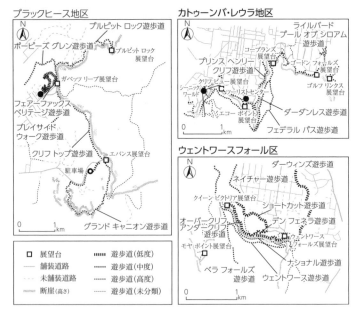

ブラックヒース地区

カトゥーンバ・レウラ地区

N
プルピット ロック遊歩道
ポーピーズ グレン遊歩道
プルピット ロック
展望台
ガベッツ リープ展望台
フェアーファックス・
ヘリテージ遊歩道
プレイサイド
ウォーク遊歩道
クリフ トップ遊歩道
エバンス展望台
駐車場
0   1 km
グランド キャニオン遊歩道

N
ライルバード
プール オブ シロアム
遊歩道
コープランズ
展望台
プリンス ヘンリー
クリフ遊歩道
ゴードン フォールズ
展望台
クリフ ビュー展望台
シーニック
ワールド
ツーリストセンター
ゴルフ リンクス
展望台
エコー ポイント
展望台
ダーダンレス遊歩道
0   1 km
フェデラル パス遊歩道

ウェントワースフォール区

N
ダーウィンズ遊歩道
ネイチャー遊歩道
クイーン ビクトリア展望台
ショートカット遊歩道
オーバークリフ・
アンダークリフ
遊歩道
デン フェネラ遊歩道
モヤ ポイント展望台
ウェントワース
フォールズ展望台
ベラ フォールズ
遊歩道
ナショナル遊歩道
ウェントワース遊歩道
0   1 km

□   展望台
━   舗装道路
┅   未舗装道路
┉┉┉ 断崖(高さ)

┅┅┅ 遊歩道(低度)
┉┉┉ 遊歩道(中度)
┉┉┉ 遊歩道(高度)
┉┉┉ 遊歩道(未分類)

図12-3　ブルー・マウンテンズ国立公園における遊歩道の整備状況
　　　　(Land and Property Information(2003)により作成)

自然環境の保全と適正な利用に努めている。つまり，散策路を設定し，それを利
用者に推奨することで，保全すべき自然地への侵入を効果的に防いでいる。また，
散策路がオーバーユースで荒廃した場合，パークレンジャーが巡回して判断し，
封鎖したり別のルートを設定したりしている。散策路内にも誘導のための案内板
や自然景観，生物相に関する解説板などが充実し，環境保全への理解にも役立っ
ている。

4. ウルル-カタ・ジュタ国立公園

　ウルル-カタ・ジュタ国立公園(1994年に世界複合遺産に登録)はオーストラリ
ア大陸中央部に位置する。ウルル(エアーズロック)とカタ・ジュタ(マウントオ
ルガ)の自然景観は世界的に周知されている自然資源である。また，ウルルとカ
タ・ジュタはアボリジニの聖地としても認識されており，その文化的価値も保全
されている。ウルルとカタ・ジュタの自然景観は，原生代末期(約5億年前)に形

成された硬軟の地層からなる扇状地に由来し，その地層は約4億年前の地殻変動で褶曲した。褶曲した地層は侵食作用（水の作用・風の作用・温度変化による風化）によって削られ，硬い地層がウルルやカタ・ジュタの残丘として残された。ウルルやカタ・ジュタ周辺は夏季の日中には気温が40℃に達するが，夜間には氷点下まで下がる。こうした気温の日較差の激しさが風や水の侵食作用を助けてきた。また，1月から3月にかけて短期間に集中して豪雨があり，一時的な流水が奔流となって流れ，ワジを形成する。この一時的な流れが激しい土壌侵食をもたらし，乾燥地域の地形変化の主要な営力となった。

　2007年現在，この国立公園を訪れる観光者は年間約40万人で，そのうち外国人観光者が約60%を占める。来訪者は自然資源と文化資源を利用して観光を行っている。例えば，ウルルの岩肌は日の出から日没までの時間経過とともに，太陽光の反射によってオレンジ色や赤色や紫色に変化し，その景観変化を楽しむ場所がウルル周辺に設けられている（写真12-2）。さらに，1周約9km（約4時間）の遊歩道も敷設され，ワイルドフラワーや，高さ90m以上に及ぶ絶壁のカンジュ渓谷，および垂直に立った地層などを観察しながら散策することができる（図12-4）。また遊歩道では，ウルルの窪みや洞窟が地質学的な価値の自然資源として観察でき，それらが精霊の宿るアボリジニの聖地となっていることもガイドから解説される。ウルルの岩肌には，アボリジニのドリーミング（天地創造）の神話に基づいて，動物や昆虫のロックアートが描かれ，それらも遊歩道から観察することができる。他方，カタ・ジュタでも残丘群の自然景観が国立公園の資源となっており，それらを眺望する場所も遊歩道とともに周囲に設置されている。そしてウルルの場合と同様に，いずれも自然景観の非日常性やその地質学的な特徴，および聖地としての文化的価値を示すものとなっている。

　ウルル-カタ・ジュタ国立公園は居住空間から隔絶した位置にあり（最も近い都市のアリススプリングズまで約450km），

写真12-2　ウルル-カタ・ジュタ国立公園におけるウルルのサンセット景観を楽しむ観光者（2000年8月筆者撮影）

このことが資源管理に有利に働いている。実際，この地理的隔絶性が入込客数を抑制し，観光による自然資源や文化資源のオーバーユースを制御している。また，宿泊地や商業地を計画的に設定し，ウルルやカタ・ジュタの周辺に人工施設を立地させない徹底した管理が行われている。宿泊や商業の施設はウルルから約20km，カタ・ジュタから約40km離れたユラーラリゾートのみに立地している（図12-4）。ユラーラリゾートには5つのホテルがあり，それらの総収容規模は1日あたり約5,000人で，この収容規模もオーバーユースを抑制している。また，観光者はレンジャーステーションやユラーラリゾートのビジターセンターなどのガイドツアーに参加しなければならない（Black and Rutledge ed. 1995）。そのため，道路や遊歩道を外れた利用は原則行われない。ウルル-カタ・ジュタ国立公園は自然資源だけでなく，文化資源に対しても徹底した管理を行っている。ウ

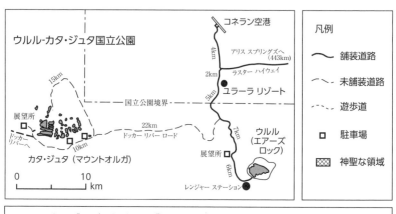

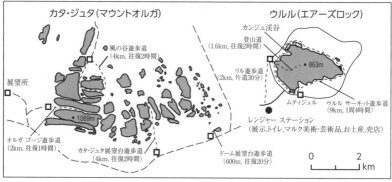

図12-4　ウルル-カタ・ジュタ国立公園における道路の整備状況
（Sweet and Crick（1992）より作成）

ルルもカタ・ジュタもアボリジニの聖地であり，重要な場所では立ち入りや写真撮影が禁止されている。ウルルの登山も自然資源と文化資源の保全のため原則的に禁止されている。

5. グレートバリアリーフ海洋公園とグリーン・アイランド国立公園

　グレートバリアリーフ海洋公園(Great Barrier Reef Marine Park)は，クインズランド州北部の大陸棚に発達した約2,900のサンゴ礁と多くの島々で構成され，その範囲はオーストラリア北端のヨーク岬から南のバッフル川河口付近までの2,600kmに達し，その面積は約344,400km²に及ぶ。海洋公園はサンゴ礁の海域のみであり，この海域に含まれる島々はそれぞれ22の国立公園になっている。世界最大規模のサンゴ礁とそこで展開する多様な動植物の生態系は貴重な環境資源として認識され，国立公園の島嶼部を含めて1981年にオーストラリアで初めてのユネスコ世界自然遺産として登録された。2007年にグレートバリアリーフを訪れた観光者は約420万人で，そのうち国内の日帰り観光者と滞在観光者はそれぞれ観光者全体の45％と35％を占めていた。外国人観光者の割合は観光者全体の20％と，他の国立公園と比較すると高い割合となっている。外国人観光者のうち日本人(外国人観光者の25％)が最も多く，次いでイギリス人(17％)，アメリカ人(12％)の順であった。

　グレートバリアリーフ海洋公園の域内は生態系に対応した細かい利用区分(ゾーニング)が行われている(図12-5)。一般利用地区は，ほぼ自由に利用できる海域である。

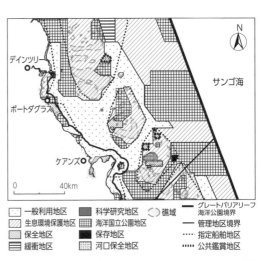

凡例:
- □ 一般利用地区
- ▨ 生息環境保護地区
- ▥ 保全地区
- ▤ 緩衝地区
- ■ 科学研究地区
- ▦ 海洋国立公園地区
- ■ 保存地区
- ▦ 河口保全地区
- ◎ 礁域
- ── グレートバリアリーフ海洋公園境界
- ── 管理地区境界
- …… 指定船舶地区
- ⋯⋯ 公共鑑賞地区

0　　40km

図12-5　グレートバリアリーフ海洋公園におけるケアンズ周辺海域の利用区分(Great Barrier Reef Marine Park Authority(2006)より作成)

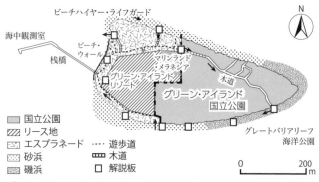

図12-6　グリーン・アイランド国立公園（Queensland Government（2007）より作成）

　生息環境保護地区と保全地区，および海洋国立公園地区と保存地区は，サンゴの
生息環境を保全・保護するため立ち入りが制限されている区域である。その制限
は生息環境保護地区から保全地区，海洋国立公園地区，保存地区になるにつれて
厳しくなる。一般に利用されているのは生息環境保護地区と保全地区の一部とな
っている。また，指定船舶のみが利用できる海域もゾーニングされており，サン
ゴ礁を保全するため，観光やレジャースポーツなどの利用は制限されている。こ
のように，利用区域が限定されているものの，指定船舶やガイドと共に観光者は
サンゴ礁の海域を利用することができる。そのため，地元のガイドツアーやパッ
ケージツアーの利用は多い。

　グレートバリアリーフ海洋公園のなかで観光者が多く訪れる観光地の１つは，
グリーン・アイランド国立公園である。グリーン・アイランドは面積12haの小
さな島で，ケアンズの沖合27kmに位置している。島の周辺にはサンゴ礁が発達
している。また，グリーン・アイランドの東側は熱帯林や蔓性の灌木で覆われて
いる。熱帯林には，木道が遊歩道として設置され，島一周1.3km（約50分）の散
策を楽しむことができる（図12-6）。島の西側には，サンゴ礁に由来する砂浜が
広がり，海中観察室（海中のガラスつきの部屋）やマリンランドメラネシア（水族
館），商業施設や宿泊施設などが立地するリゾートエリアになっている。観光者
はシュノーケリングや海中観察室でサンゴ礁や熱帯魚を観察したり，遠浅の海浜
で海水浴をしたりしている。

　観光ツアーや地元漁業などの許可された船舶以外は，サンゴ礁の環境や生物相
を保全するゾーニングによりグリーン・アイランドに近づくことはできない。グ

レートバリアリーフのような環境資源は利用を抑制したり中止したりすれば保全されるが，それはケアンズ地域に受け入れられるものではない。その理由は，ケアンズ地域がグレートバリアリーフからの観光収入に地域経済の80％以上を依存しているためである。環境資源の保全と観光利用の両立を図るための方策が図12-5に示した徹底的なゾーニングである。グリーン・アイランドではサンゴ礁の海域はもちろんのこと，島内の熱帯林もゾーニングで立ち入り禁止されている。熱帯林に入る方法は木道利用の散策のみであり，観光者の林床歩行が抑制されている。

6. 環境資源の保全と利用の両立にみる地域的性格

　オーストラリアでは，地域の特徴的な環境資源に基づいて，それらを適正に管理しながら，持続的に適正利用することが観光の基本理念となっている。このような理念に最も配慮してきたのがオーストラリアの国立公園の観光であった。オーストラリアの国立公園では，自然環境や生態系の脆弱性や再生の難しさが，あるいは他の土地利用との激しい競合が適正な保全と利用の両立を促進させる契機となった。しかし，オーストラリアの国立公園における適正な保全と利用の両立は地域的に多様である。そのような多様性がオーストラリアの特徴であり，内外の観光者を引きつける魅力となっている。

　オーストラリアの国立公園は，多様な要素によって性格づけられるが，それらの要素は大きく3つの指標にまとめられる。第1の指標は資源性であり，第2の指標は資源の保全に関わる管理性であり，第3の指標は資源を実際に利用する仕方に関わる利用性である。これら3つの指標の相対的な強弱によって，オーストラリアの国立公園は3つに分類できる。第1のタイプは大都市圏周辺に立地し，都市住民の余暇・レクリエーション空間と機能している。そこでは，緩やかでソフトな管理・サービスと能動的なアクティビティが提供されている。第2のタイプはオーストラリア固有で脆弱な環境資源によって特徴づけられ，それらの多くはアウトバックと呼ばれる遠隔地に立地している。ここでは，受動的なアクティビティがハードな管理・サービスに基づいて提供されている。第3のタイプもオーストラリア固有の環境資源によって特徴づけられるが，アクセスしやすく能動的なアクティビティの基盤となる資源性が第2のタイプと異なる。ここでは，ハ

ードとソフトな管理・サービスに基づいて，能動的なアクティビティが多く提供
されている。

　全体的にみると，オーストラリアの国立公園を特徴づける3つの指標は国立公
園への近接性に基づいている。一般に，大都市に近接した国立公園では国内観光
者の利用が多くなり，国立公園は日常的な余暇・レクリエーション空間として位
置づけられた。そのため，国立公園を日常的に利用する観光者が多くなり，それ
らをより効果的に適正管理するため，細かく利用地区を設定した多様なゾーニン
グが地図や案内板などによって観光者を誘導している。このような，ゾーニング
に基づく誘導はソフトな管理の典型であり，国立公園の持続的な適正管理の基本
となる。他方，大都市から離れた国立公園では外国人観光者の利用が相対的に多
くなり，国立公園は非日常的な観光空間として位置づけられる。国立公園では観
光利用がアクセスのしにくさから抑制され，インフラストラクチャーの整備を最
小限にすることで保全と適正利用が進められた。また，大都市から離れた国立公
園は半乾燥地域や乾燥地域に立地し，自然環境の復元力が高くない。そのため，
半乾燥地域や乾燥地域の国立公園では，環境にダメージを与えないような適正利
用が図られるようになり，環境の保全と管理が湿潤地域の国立公園よりも厳しく
行われている。結果として，観光者の能動的なアクティビティが制限され，ガイ
ドツアーやガイドウォークなどの受動的なアクティビティが多くなる。

◎参考文献
Black N,Rutledge J,ed.(1995)：*Outback Tourism: The Authentic Australian Adventure.*
　　Townsville:James Cook University of North Queensland,Dept. of Tourism.
Explore Australia Publishing(2007)：*Explore Australia's National Parks.*Explore Australia
　　Publishing.
Hall,C.M.and Page,S.J.(2006)：*The Geography of Tourism and Recreation:Environment,*
　　*Place and Space.*Routledge.
Land and Property Information(2003)：*Blue Mountains and the Environs.* Land and
　　Property Information.
Sweet, I.P.and Crick,I.H.(1992)：*Uluru and Kata Tjuta,a Geological History.*Australian
　　Geological Survey Organisation.

（菊地俊夫）

花見の観光で賑わう東京・上野恩賜公園(2016年3月菊地俊夫撮影)

第Ⅳ部
日本の観光地誌

IV

　日本では，都市空間や農村空間，および自然空間は明確に区分されることなく，それぞれの境界を曖昧にすることで伝統的な美しさが表現されてきた。実際，都市と農村の境界をはっきりと示すことはできないし，都市公園は借景として自然を取り入れて，人々に美しい景観と安らぎを与えてきた。また，里山も農村空間と連続した自然空間であり，里人が日常的に利用する「ふるさと」の森林であった。以下の章では，日本のさまざまな観光地誌を通じて，都市空間や農村空間，および自然空間がボーダレス化しながら，人間活動と自然が共存・共生する様相をみていくことにする。

　上野恩賜公園は東京を代表する都市公園であり，古くから人気の観光地であった。上野恩賜公園にはさまざまな文化施設が立地するとともに，寺社林などの緑地にも恵まれ，さらに江戸時代に植栽された桜が多くの花見客を誘引している。つまり，上野恩賜公園は文化的な都市空間に自然を取り込むことにより，そして都市空間に季節性を取り込むことによって観光地として発達してきたといえる。

アーバンツーリズムからみる東京の銀座

1. 東京のアーバンツーリズム

　アーバンツーリズムにおいては，都市特有の機能を享受することに基づく多様な目的が観光者に存在するとされる。端的に言えば，観光者にとっての多様な都市ならではの楽しみがあるということである。

　ロンドンやパリ，ニューヨークなど欧米の都市においては，ショッピングを楽しむのならオックスフォード・ストリート界隈，食を楽しむのならカルチェラタン界隈，ミュージカルを楽しむのならブロードウェイ界隈などと特定の地区に特定の都市的機能が集中する傾向にある。同様に，東京においても，博物館や美術館の集積がみられる上野公園周辺やブティックが立ち並ぶ表参道・原宿のように特定の機能を有する地区も存在してはいる。しかし，都市，特に大都市においては市街地が広範にわたり，都市空間の範囲も都市域が連続的に拡大する現代においては曖昧であることから，複合的な機能を有する地区が都市空間に多核的に分布する傾向にある。

　そのような複合的な機能をもつ典型的な地区として，東京の銀座が挙げられる。銀座は日本人観光者からも外国人観光者からも人気のある観光地の１つとなっている。しかし，観光地としての銀座は特別である。銀座をみて歩きながら，ショッピングを楽しむ行為は，「銀ぶら」と呼ばれて人々に親しまれている。また，東京の銀座の賑やかさにあやかって全国各地に「○○銀座」という名前のいわゆる「銀座商店街」が出現している。つまり，東京の銀座は商業地の代表的存在といえる。「○○銀座」という言葉が造られるような場所は，東京の銀座以外には存在しない。それだけ銀座は人々を惹きつける都市的な魅力をもつ場所なのである。しかし，なぜ銀座はそこまで人気の観光地となったのだろうか。その秘密を観光地誌学のアプローチで探っていく。

2. 銀座の歴史

　徳川家康が江戸に入府する1600年代までは，江戸周辺は武蔵野台地を刻む河川が江戸湾に注ぎこむ河口地域であり，現在の東京駅のある丸の内や八重洲周辺は日比谷入江という遠浅の海であった。その東側に突き出していた砂州が江戸前島であり，半島のつけ根から中央部にかけての部分が低湿地の干拓によって造られた日本橋や京橋，その干拓地の突端部に銀座が位置していた（図13-1）。その当時の銀座一帯は湿地や荒地が広がる未利用地であった。しかし，1612（慶長17）年に幕府の銀貨鋳造所である「銀座役所」が駿府から移設されることになった。銀座の地名の由来は，この銀座役所にある。鋳造所の設置にともなって地域が計画的に整備された。具体的には低湿地の排水溝を兼ねた水路が南北に築かれ，それらに沿って道路が敷設された。水路が建設されると，資材や物資が運ばれ，それらを加工する職人の町として機能するようになった。さらに，1657（明暦3）年の明暦の大火以降，幕府は，従来街区の中心に残されていた会所地を取り壊して新たな街路を通し，その間に新たな建設用地をとるような街区の再整備を行った。これは，人口が急激に拡大する江戸の住宅供給を賄うための策であったが，銀座においては新たな街路に面しても商店が立ち並ぶようになり，さらに商業機能が高まった。それにより銀座は江戸の商業地の1つとして発展するようになった。しかし，江戸期の銀座は，商業機能の発展はみられたが，江戸の人々の買回り品や専門品を買い求める一大商業地であった日本橋に比べると，最寄り品を扱う日常的な商業空間としての性格を強くしていた。

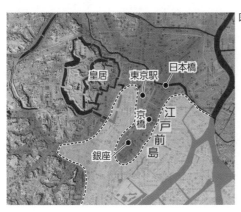

図13-1　江戸前島と銀座（国土地理院デジタル標高地形図より作成）

そのような東京の銀座の地域的性格は明治期に大きく変化した。1869（明治2）年には外国人居留地が銀座の東側に隣接する築地に建設され，1872（明治5）年には鉄道路線が南側の新橋と国際都市である横浜とを結んで開業した。それにより，築地や新橋に隣接した銀座にも欧米の文化や気風が流入してくるようになった。その一方で，1872（明治5）年には銀座一帯で大火が発生し，地区の大部分が焼失した。この時期に明治政府はロンドンやパリに並ぶ近代国家の首都にふさわしい東京を目指す都市改造計画を進めており，大火による焼失は復興を通じた計画施行への絶好の機会となった。その計画のもとに，銀座一帯の街路は拡張され，火災に強い都市にするために銀座通りに面した建物はレンガ造りで建て替えられた。事業は大蔵省の肝いりで行われ，お雇いイギリス人技師トーマス・J・ウォートルスが設計したジョージア様式のレンガ造りのテラスハウスが連なる「銀座煉瓦街」が形成された（図13-2）。江戸の木造の街並みから激変した銀座煉瓦街は，不慣れな洋風建築に買い手がつかずに当初は空家が多かったが，丸の内や築地，新橋などの情報発信地への近接性と職人町の伝統に基づく印刷業の集積により新聞社や出版社が入居するようになった。三大新聞社の朝日，読売，毎日は，いずれもその時期の銀座を発祥としている。その後，百貨店やデパートの前身である勧工場も進出し，1870年代後半にはビアホールやレストランなどが増え，西洋文化に基づく商業機能が発展した。また，同時期にカフェも立ち並ぶようになり，文学者やアーティストたちが集まり議論するパリのサロンのようなカフェも出現して日本におけるカフェ文化の中心地ともなった。

図13-2　1873（明治6）年ごろの銀座煉瓦街の様子（二世歌川国輝画 東京銀座要路煉瓦石造真図）
　　　　（東京都立中央図書館特別文庫室所蔵）

煉瓦街の建物の設えもまた西洋由来の新たな視点をもたらした。江戸期の長屋建築においては2階部分のスペースが制限されており，眺望を期待するような造りにはなっていなかったが，銀座煉瓦街のテラスハウスの2階部分にはバルコニーが設けられ，そこから通りの都市的景観を鑑賞できるように設計されていた。そして，そのバルコニーの下は列柱によるアーケードとして利用され，明治中期以降はそのスペースが埋められて商品を飾るショーウィンドーへと変化していった。加えて，通りには当時日本では珍しかったレンガで舗装された歩道やガス灯も配置された。まさに，地上からも上空からも街をみるという江戸期の銀座にはなかった視点が加わった。このような近代都市としての気風や要素，そして設備は，西洋風の景観に基づく非日常空間を演出し，人々に銀座をみて歩く楽しみを与えるようになった。つまり，あてもなく街路を遊歩する日本版フラヌールが銀座において出現するようになったのである。明治期において銀座煉瓦街が形成されたことにより，銀座は江戸期の町人地から近代的な商業地へと性格を変えていった。このような東京の銀座の変貌は，低湿地の干拓地を計画的に土地区画し道路網を敷設してきた街づくりの伝統と土地の帰属意識が低い職人町としての歴史，および近代化の要素を積極的に取り入れる革新性によってもたらされたものであった。このような変貌が景観の変化として反映され，銀座のアーバンツーリズムとしての観光地誌の基盤になっている。

　大正期に入ると，しゃれた雰囲気の漂う銀座を歩くこと自体が流行となり，現在でも使用される「銀ぶら」という言葉が出現するまでになったが，関東大震災の被害を受けて煉瓦街は消滅した。しかし，震災復興において銀座は昼夜を問わない繁華街としての機能を高めていくことになった。大正期から昭和初期にかけては鉄筋コンクリート造の近代建築による松坂屋，松屋，三越などの百貨店や時計塔を備える服部時計店などの大規模店舗，映画館，レストランや洋品店，貴金属店などの各種専門店が立ち並び，モガやモボ（モダンガール，モダンボーイの略語）と呼ばれる若者たちが闊歩するようになった（図13-3）。その一方で，同じく当時の文化的流行である「エロ・グロ・ナンセンス」に乗った妖艶なネオンサイン輝くカフェーやキャバレーなどの集積もみられ，ナイトライフ街区としての性格も有するようになった。しかし，そのような享楽的な空間は戦争によって消滅してしまった。

　第2次世界大戦後は，GHQによる服部時計店や松屋などの大規模店舗の接収

図13-3　1920年代の銀座大通り（「新大東京名所」より）
　　　　（東京都立中央図書館所蔵）

写真13-1　銀座大通りの賑わい
　　　　　（2019年5月筆者撮影）

により，米軍相手の商店や露店が立ち並ぶようになったが，接収が解けた1952（昭和27）年頃から本格的に市街地の復興が始まった。空襲被害による瓦礫を活用して三十間堀川などの銀座を囲んでいた水路を埋め立て，かつての露店を集約させた新たな商業地として，さらに首都高速道路建設のための用地としても利用した。かつて，職人町を支えた水路が商業地の拡大や都市の近代的なインフラストラクチャー整備の障害となってきたことが，埋め立ての大きな理由の１つであった。

1955年に始まる日本の好景気は銀座にも大きな影響を与え，一帯には再びビルが立ち並び始めた。それらの屋上には戦前の妖艶なネオンとは異なる企業広告としてのネオンが彩り，夜の街を明るくするようになった。ビルには企業のショールームが集積し，その一方でテレビが一般家庭へ普及し始めたことにともない，メディアを通じて商業地としての銀座の紹介も盛んになった。そのため，1970年代頃から貴金属や高級ブランドの路面店が進出するようになった。そして，現在にまで続く高級なブティックやブランド店，飲食店が立ち並ぶ一大商業地となった。このように，銀座は江戸期の町人地の職人町から明治期の煉瓦街を経て，人々が散策する中心商業地へと変貌を遂げるとともに，「銀座」という高級商業地の土地ブランドを確立した（写真13-1）。

3. 銀座におけるアーバンツーリズムの現状

　現在の銀座におけるアーバンツーリズムの資源はどのように観光者によって消費されているのだろうか。都市観光でまちづくり編集委員会(2003)および有馬(2008)によれば，アーバンツーリズムの魅力要素には「みる」・「買う」・「食べる」・「集う」・「憩う」という楽しみがある。ここでは，それらの楽しみに基づいて銀座のアーバンツーリズムの魅力を観光地誌として読み解いていく。

1. 銀座の「みる」楽しみ

　「みる」楽しみとは，歴史的建築物の立ち並ぶ旧市街や現代的なビルが立ち並ぶ新都心など，その都市特有の景観を鑑賞することである。銀座においては，明治期の煉瓦街以来の「みる」楽しみが地域に根づいているといえよう。各種商業施設や百貨店が立ち並び，観光者や買い物客で賑わう景観は，都市における商業的機能の繁栄を象徴するものである。その一方で，辻々に昭和初期の歴史的建造物が残存し，著名な建築家の作品もある。例えば，銀座のランドマーク的な存在である時計塔を備えるネオルネサンス様式の和光本館は1932(昭和7)年の建築である。また，銀座奥野ビル(1932年築)や川崎ブランドデザインビルヂング(1932年築)などは，建築当時の外観や内装を残しながらギャラリーとして活用されている。これらの建築には新しい都市的な「みる」楽しみも付加されているのである。さらに，名建築家の作品としては丹下健三が設計した静岡新聞・静岡放送東京支社ビル(1967年築)や谷口吉生設計のギンザシックス(2017年築)などが代表される。このようなモダンさと伝統，そしてそのどちらにも共通する洗練されたデザインが共存しているのが銀座の景観の特徴である(写真

写真13-2　「みる」対象となるレトロ建築(奥野ビル)
(2021年1月筆者撮影)

13-2)。

　そのような銀座の景観を鑑賞することを促す仕組みとして銀座通りにおける歩行者天国がある。歩行者天国は1970年代より行われている週末のイベントであるが、歩行者は通りの中央部を歩行するため、歩道からよりも通りとその周囲に立ち並ぶ建造物に視点が向けられやすくなる。その結果、歩行者は自由に街路を闊歩しながら、無意識のうちに景観を楽しむことになるのである。歩行者天国は、まさに歩行する観光者や買い物客をフラヌールに変えているのである。

　また、「みる」楽しみには劇や映画、芸術作品などの鑑賞も含まれる。銀座においては、伝統芸能である歌舞伎の劇場として歌舞伎座が立地し、伝統的な「みる」楽しみを提供してきた。その一方で、近年では銀座メゾンエルメスフォーラムやギンザ・グラフィック・ギャラリーなど企業や商業施設によるモダンアートのギャラリーも増えており、銀座に新たな「みる」楽しみを加えている。

　「みる」銀座は、平坦な土地と計画的なインフラストラクチャー整備によって歩くための空間がつくられたことによって出現した。そして、江戸期から昭和期を通じて時代の要求に応える象徴的な建物が造られ、人々を引きつけてきた。加えて、建物の入居者の情報発信も多くの魅力となって、観光地銀座を支えてきた。

2. 銀座の「買う」楽しみ

　「買う」楽しみとは、商業的機能が集積する都市において特別な専門店や百貨店、ショッピングモールなどの複合商業施設を訪問して買い物することである。ここには、実際的な購入を伴わないウィンドーショッピングも含まれる。銀座は江戸期からの商業地であり、「買う」楽しみは至るところに溢れているといえよう。銀座といえば百貨店とともに老舗の専門店、貴金属店や高級ブランドの路面店が多く立地している商業地であるが、近年では複合型商業施設の進出も顕著である。前述したギンザシックスや東急プラザ銀座、銀座プレイスなどが該当する。なかでもギンザシックスは、オフィス施設も備わる典型的な複合型商業施設である。また、館内には商店や飲食店が入居するだけでなく、各所に芸術家の作品を展示しており、アートギャラリーとしての機能も有する。展示をみて回りながらショッピングを楽しむことができ、1つの施設内で銀座の魅力を疑似体験できるようになっている。

　その一方で、老舗の専門店もまた、洗練された土産品を入手できる機会を提供

することで観光者を惹きつけている。江戸期から続く呉服店である銀座越後屋や、草履・下駄が専門の与板屋のほか、和紙や和文具などの和物雑貨を扱う鳩居堂などは、日本らしいものを求める外国人観光者で賑わう。

　つまり、「買う」銀座も江戸期、明治期、大正期、昭和期と歴史の重層性を活かし、多様な商品を人々に提供してきた。そして、銀座の近代化やモダンな象徴性を商品に付加することでブランド価値が高まり、銀座は観光地として顕著な存在となった。

3. 銀座の「食べる」楽しみ

　「食べる」楽しみは、その都市における独特の食文化を体験することである。図13-4に銀座におけるジャンル別の飲食店数を示した。それによると、「日本料理・郷土料理」や「すし・魚料理・シーフード」などの和食系の飲食店のほか、「居酒屋」、「ダイニングバー・バー・ビアホール」、「イタリアン・フレンチ」、そして「カフェ・スイーツ」などの飲食店が多いことがわかる。まず、和食系の飲食店については高級な寿司店として著名な、すきやばし次郎や久兵衛などのほか、老舗の鰻料理店である竹葉亭なども立地しており、観光者にとっても一般の都市住民にとっても非日常的な体験を提供してくれる飲食施設が存在していることを示している。また、「居酒屋」、「ダイニングバー・バー・ビアホール」については、

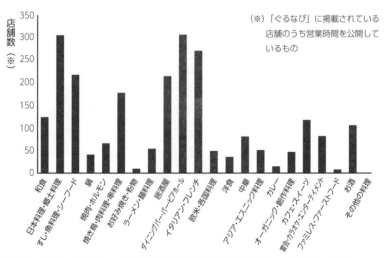

図13-4　銀座におけるジャンル別の飲食店数（杉本ほか（2020）より一部加工して転載）

歓楽街としての銀座の性格が表れているといえよう。高級なクラブやバーが分布する一方で，西側のコリドー街周辺にはリーズナブルなお店も多い。その他，ビヤホールライオンのような老舗のビアホールもあり，多様な飲酒空間が提供されている。「イタリアン・フレンチ」については，日本においても市民権を得た外国料理であり，高級店からリーズナブルな店まで多様な店舗が立地しているとみられる。これらの飲食店の顧客の多くは観光者というよりも一般の都市住民が多いと考えられる。その一方で，「カフェ・スイーツ」などの飲食店については日本初のフルーツパーラーがある銀座千疋屋や資生堂パーラーなども含まれ，観光者にとってはショッピングや「銀ぶら」途中の休憩場所として利用されることが多い施設である。

このように，銀座においては異なった「食べる」楽しみを有する施設が分布しており，多様な観光者のニーズに応えられるものとなっている。これもまた，都市観光における魅力を発揮しているといえる。

「食」の銀座も歴史文化の積み重ねにより，和食，中華，洋食とあらゆるジャンルの「食」が立地するようになった。そして，銀座のブランド価値の高まりは，「食」においても高級化を指向するようになり，「食」の非日常空間としての観光地銀座を特徴づけるようになった。

4. 銀座の「集う」楽しみ

「集う」楽しみは，一定の場所に多くの人が集まることで生じる魅力である。銀座においては，「銀ぶら」することや商業施設でショッピングを楽しむことを目的として人々が集ってきた。そこでは，先述した歩行者天国などは大きな役割を果たしていると言えるだろう。しかし，その一方でイベントによって人々が「集う」こともある。なかでも，5月に開催される銀座柳まつりや，8月の歩行者天国に打ち水イベントや盆踊りなどの催しが加わるホリデープロムナードなどは大きな集客がある。

「集う」銀座の魅力も地域の環境資源に基づいて発展してきた。つまり，中心地に隣接した職人町の伝統と人々の移動を支えるインフラストラクチャーの整備，そして歴史の重層性に基づく魅力の積み重ねと情報発信力の蓄積が人々の「集う」原動力になった。

5. 銀座の「憩う」楽しみ

　「憩う」楽しみは，都市の中に存在する自然要素から生じる魅力である。銀座にはビルが立ち並び，緑が少ないイメージがあるが，数寄屋橋公園や京橋公園などの中央区立公園が整備され，周辺のオフィスに勤務する人々のオアシスを形成している。一方で，観光者に対しては，そのような憩いの場というものは長らく存在してこなかった。しかし，近年では複合商業施設の進出とともに，それらに付随する屋上庭園が増加し，観光者にとっての「憩う」空間を形成している。東急プラザ銀座の屋上にはキリコテラスがあり，壁面緑化によって囲まれた箱庭空間から銀座周辺のパノラマを望むことができる。また，ギンザシックスにおいてもギンザシックス・ガーデンがあり，芝生や木々が植えられたおよそ4,000㎡の庭園で人々はショッピングの休憩をしたり，読書をしたり，銀座の市街地を眺めたりと思い思いに過ごす様子がみられる。

　「憩う」銀座も中心商業地としての非日常的な空間と，町人地の職人町としての伝統に裏うちされた日常的な空間によってつくられてきた。日常的な空間には生活空間として緑地が存続し，人々に潤いを与えてきた。そのような日常的な空間を屋上に取り入れることで，「憩い」の銀座はさらなる展開をみせている。

4. 東京・銀座の観光地誌

　以上に述べてきたように，銀座におけるアーバンツーリズムは，「みる」・「買う」・「食べる」・「集う」・「憩う」という要素が地域の自然環境や歴史・文化環境および社会・経済環境に基づいてバランスよく配置されていることに特徴がある。観光者は銀座を散策（銀ぶら）しながら，それらの要素を自分なりに組み合わせながら享受し，それらの要素の無数の組み合わせが，銀座という東京を代表するアーバンツーリズムの観光地域を形成してきたともいえる。このような観光地の観光地誌をまとめると，図13-5のような構造がみえてくる。

　東京の銀座の観光地誌は地域の自然環境と歴史・文化環境および社会・経済環境が重なり合い，相互に関係し合いながら，時代ごとのエポックを吸収していくことで構築されてきた。自然環境は低地や湿地，および海洋への近接性で特徴づけられる。歴史・文化環境は歴史の重層性や町人・職人文化，および高級ブランド化やシンボルの高度化によって特徴づけられる。さらに，社会・経済環境は地

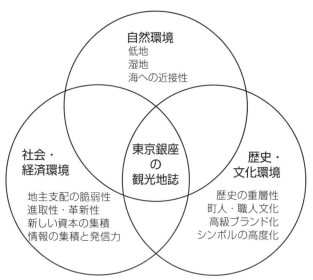

自然環境
低地
湿地
海への近接性

社会・
経済環境

東京銀座
の
観光地誌

歴史・
文化環境

地主支配の脆弱性
進取性・革新性
新しい資本の集積
情報の集積と発信力

歴史の重層性
町人・職人文化
高級ブランド化
シンボルの高度化

図13-5　東京銀座の観光地誌の構造

主支配の脆弱性や進取性・革新性，および新しい資本の集積や都市への近接性，情報の集積と発信力によって特徴づけられる。これらの環境の特徴がそれまでの環境に付加され，特徴が積み重なることでさまざまなニーズに応えることができる非日常的な都市空間がつくられてきた。東京の銀座にあって各地の「○○銀座」にないものは，さまざまな地域環境の特徴の時間的な重層性であり，そのような重層性が銀座の銀座たる所以なのである。

◎参考文献

有馬貴之(2008)：第3章(4)東京のアーバンツーリズム.pp.133-143.菊地俊夫編著『観光を学ぶ−楽しむことからはじまる観光学−』二宮書店.

岡本哲志(2006)：『講談社選書メチエ　銀座四百年−都市空間の歴史−』講談社.

杉本興運・太田慧・飯塚遼・坂本優紀・池田真利子(2020)：飲食店の集積と営業時間からみた商業地特性の分析−夜間の新宿・銀座・渋谷の比較−.地理空間 12(3):227-245.

増山一成(2018)：銀座−開化流行の象徴−.pp.26-31.池享・櫻井良樹・陣内秀信・西木浩一・吉田伸之編『みる・よむ・あるく 東京の歴史5−地帯編2 中央区・台東区・墨田区・江東区』吉川弘文館.

三枝進・川本三郎・初田亨(2006)：『銀座−街の物語−』河出書房新社.

（飯塚　遼）

ルーラルツーリズムの基盤としての ルーラル・ジェントリフィケーションからみる 長野県安曇野市穂高地区

第14章

1. ルーラル・ジェントリフィケーションと安曇野市穂高地区の地域環境

　ルーラルツーリズムの基盤となるルーラル・ジェントリフィケーションは，農村に異なる社会階層の人々が流入することによって地域の景観や社会経済構造が変化する現象である(Woods 2005; Lees et al, 2008)。ルーラル・ジェントリフィケーションの概念は，農村空間を構成する景観・人口・社会・経済・文化といった諸要素を横断する概念であるため，ルーラル・ジェントリフィケーションを捉えることは，ルーラルツーリズムのために農村資源の新たな活用を総合的，体系的に捉えることにもなる。以上に述べたことを踏まえて，本章では，ルーラルツーリズムの基盤となるルーラル・ジェントリフィケーションによる景観の変化から長野県安曇野市穂高地区の観光地誌について描くことにする。

　安曇野市は長野県の松本盆地の中央部に位置し，2005年に豊科町，穂高町，明科町，三郷村，堀金村の5町村が合併したことによって誕生した。南は松本市に，北は黒部渓谷をはじめとする北アルプスの山岳観光の玄関口である大町市や池田町，松川村に接しており，中信地域の南北交通の要衝として重要な位置にある。安曇野市の旧穂高町にあたる穂高地区は，北アルプスの山麓部に別荘地が展開していることに加え，近年では，松本市や長野市といった県内の都市をはじめ，東京大都市圏や中京大都市圏，関西大都市圏からいわゆる「田舎暮らし」を求めて農村移住する人々の多い地区でもある。つまり，穂高地区は人口流入の多い遠郊地域の特徴を有しており，典型的なジェントリフィケーションの様相を呈している。

　穂高地区は2011年現在，人口33,894，世帯数12,829である。地区の大部分は中房川と烏川との複合扇状地上にあり，標高600m前後の緩やかな傾斜地が，西側の山麓から東に向かって広がっている。穂高地区における農業は扇状地の地形条件に影響を受けている。第2次世界大戦以前は，扇央部において養蚕のための桑畑が卓越していた。しかし，第2次世界大戦後の養蚕業の衰退を契機にして，

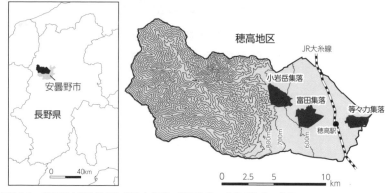

図14-1　安曇野市穂高地区と等々力集落，富田集落，小岩岳集落の位置

深井戸の掘削や電力揚水機の使用，用水の整備，客土などによって樹園地や畑地の水田化が進められた（上野・井田，1984）。その結果，現在では山麓の扇頂部から扇端部にかけて灌漑用水を利用した稲作が行われているほか，生産調整の作物栽培としての麦作やソバ作も行われ，長野県有数の穀倉地帯となっている。また，扇端部では湧水を利用したワサビ栽培やマス養殖も盛んであり，それらはルーラルツーリズムの主要な資源となっている。

　穂高地区は扇状地に対応して地域の性格づけを行うことができ，その地域的差異は明確である。扇端部は水田やワサビ田の広がる旧来の農村であり，扇央部は農地の宅地化が進展している地域，そして扇頂部は別荘地開発の進展した高原リゾートとなっている。そのため，穂高地区におけるルーラル・ジェントリフィケーションの様相について捉えるためには，それらの地域区分に基づく集落をそれぞれみていく必要がある。そこで，本章は扇端部の等々力集落，扇央部の富田集落，扇頂部の小岩岳集落の３つの集落を対象にした（図14-1）。

　等々力集落は，穂高地区の東側の扇端部に位置している。等々力集落の起源は古く，安曇野を開拓した人々が最初に居住した地域であるとされ，その地名は中世にこの地域を治めていた等々力氏に由来している（穂高町誌編纂委員会，1991a）。そのため，古くからの農家も多く，2000年現在の農家率は32.5％であり，地区の平均よりも高い値を示している。また，等々力集落には，ワサビ田や道祖神が多く分布していることに加えて（写真14-1），重要文化財の等々力家や東光寺などの歴史的な観光資源も分布しており，それらは多くの観光者が訪れる

ルーラルツーリズムの資
源である。

　富田集落は，扇央部に
位置している。扇央の乏
水地に立地する集落の成
立は，明らかではないが，
江戸期の初めには集落が
富田堰の開削によって発
達したとされる。しかし，
地味に乏しい土地であっ
たことから，農業的土地

写真14-1　ルーラルツーリズムの資源となっている安曇野市
　　　　　穂高地区のワサビ田（2011年7月菊地俊夫撮影）

利用は主に天蚕用のクヌギか養蚕用の桑に限られていた。富田集落における開田
は第2次世界大戦後の食料不足を契機としており，灌漑用水の開削や客土を行い，
1958年から1968年にかけて約90haの土地が水田化された（穂高町誌編纂委員会，
1991b）。しかし，米の生産調整が1966年から開始され，稲作中心の富田集落の
農業は大きな影響を受けた。1970年代になると，富田集落では生産調整のため
に水田を畑地化したり，宅地化したりする農家が多くなった。また，富田集落で
は開田化とともに圃場整備も進められ，住宅地が容易に開発される素地が形成さ
れていた。

　小岩岳集落は，穂高地区西側の扇頂部に位置している。集落は，中世に古厩氏
が現在の集落西側の山中に小岩嶽城を築城したことに始まる（穂高町誌編纂委員
会，1991a）。明治期に地域の産業であった養蚕が最盛期をむかえ，人口も増加
し始め，この時期に現在の集落が形成された。さらに，1970年代には，中房温
泉を引湯した穂高温泉郷の開発が西部の山林で始まり，温泉旅館や温泉つき別荘
が大規模に建設され，北アルプス山麓のリゾート地として発達するようになった。
それにともなって，集落を南北に縦貫する県道25号線沿いには，観光者向けの
レストランやカフェなどが立ち並ぶようになった。1990年代になると，穂高温
泉郷の別荘地を中心に，農村での暮らしに憧れて都市から移住してくる人々が増
加した。その後，住宅地開発も行われるようになり，現在の小岩岳集落では宅地
化の進展もみられる。

2. 安曇野市穂高地区における景観の上部構造

　景観の記述や分析は観光地誌学における主要な方法の1つである。なぜなら，景観は地域の自然環境や歴史・文化環境，および社会・経済環境などを総合的に地表上に投影したものであり，それを丹念に描くことは地域の諸環境を描くことにもなるからである。また，景観は地表上で目にみえるものとしての「上部構造」と，目にみえない諸環境の「下部構造」に分けて描くことができる。地域の景観の代表的な上部構造には家屋景観とその集合体としての集落景観がある。穂高地区の家屋景観や集落景観は家屋の壁面の材質や構造などから伝統型，モルタル型，新興型，伝統模倣型，輸入住宅・洋風型の5つに分けられる。伝統型の家屋は昔からの建築様式である漆喰の白壁づくりで柱や梁が表出しているもので，安曇野地域においては本棟づくりに代表される。モルタル型は第2次世界大戦後から高度経済成長期にかけて多く建設されたモルタル壁の住宅である。新興型は近代的な住居および建設が容易なプレハブ住宅である。伝統模倣型の家屋は白壁づくりではないが，梁を表出させていることによって伝統的な様式を意識した造りになっている。輸入住宅・洋風型はレンガやログハウス調の壁の住宅である。

　等々力集落の集落景観では伝統型の家屋が中心部に多く分布しているが，そこから離れるにつれてモルタル型や新興型，輸入住宅・洋風型の家屋が多くなって

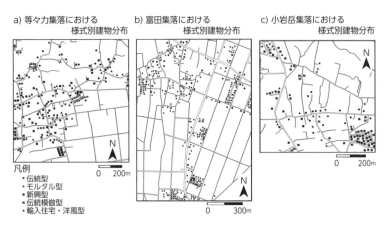

図14-2　安曇野市穂高地区の3つの集落における様式別家屋の分布(2011年)
　　　　(現地調査により作成)

いる(図14-2-a)。これは，集落の
中心部においては，伝統的な集落
景観が保全され，ルーラルツーリ
ズムの資源としての活用ポテンシ
ャルが高くなっていることを示し
ている(写真14-2)。富田集落でも，
集落の中心部においては伝統型が
多く分布する傾向にある(図14-2-
b)。しかし，モルタル型の家屋
が等々力集落よりも多い。このこ
とから，建て替えや建て増しが高
度経済成長期に進行し，集落景観

写真14-2　安曇野市穂高地区等々力集落の伝統的
　　　　　な家屋景観
　　　　　(2011年5月筆者撮影)

が変化してしまい，ルーラルツーリズムへの活用ポテンシャルが高くないといえ
る。他方，小岩岳集落では，伝統型とモルタル型が混在しているが(図14-2-c)，
集落西側を南北に縦貫する県道25号線に沿って，伝統模倣型や輸入住宅・洋風
型が，さらに集落北西部の別荘地では輸入住宅・洋風型が多く分布している。つ
まり，小岩岳集落の県道25号線沿いでは，高原リゾートや別荘地としての景観
が展開している。

　集落景観を特徴づけるものとして住居の屋根型もみてみよう(図14-3)。穂高
地区の代表的な屋根型は切妻型，寄棟型，入母屋型，洋風型の４つである。切妻
型は本棟づくりに使われているように地域の伝統的な屋根型である。寄棟型も
1965年当時の草ぶき屋根住宅の伝統的屋根型であったが，ほとんど残存してお
らず，現在では新興住宅の典型的な屋根型となっている。入母屋型は日本の農家
の典型的な屋根型としてのイメージが強いが，穂高地区では新しい屋根型である。
洋風型は洋瓦を使用しているものやログハウス調の住宅の屋根型である。以下で
は，穂高地区の３つの集落の屋根型分布を時間的，空間的にみていくことにする。

　等々力集落では，1965年当時，73.6%の家屋が切妻型であり，25.3%が寄棟
型(多くは草ぶき屋根)であった(図14-3-a)。全体として屋根型が伝統的なものに
なっており，集落景観は統一感のあるものであった。1992年になると切妻型の
割合に大きな変化はないが，洋風型がみられるようになり，山麓部における別荘
地開発にともなう高原リゾートの影響が屋根型に反映されるようになった。また，

入母屋型も出現しており，農家家屋の建替え
やリノベーションが行われたことがわかる。
この時期の等々力集落における景観変化は，
切妻型の維持と洋風型と入母屋型の増加によ
り緩やかに進行した。さらに，2011年現在
では，切妻型が60.3％に減少しているが，寄
棟型と洋風型がともに増加し，屋根型の混在
化が少しずつ進展している。このような寄棟
型と洋風型の増加は，住宅地開発によるもの
である。

　富田集落の1965年の屋根型構成は，切妻
型が82.9％と卓越し，等々力集落と同様に
伝統的な集落景観を呈していた（図14-3-b）。
しかし，1992年になると切妻型が68.8％に
減少し，洋風型と入母屋型の割合が増加した。
このことは，屋根型の混在化による景観変化
がすでに始まっていることを示している。そ
の傾向は2011年以降も続いており，魅力的
な農村景観の喪失にもつながっている。この
ような屋根型の著しい混在化は圃場整備され
た区画が住宅地開発に適していたことや，減
反政策の影響を受けた農家が多かったことな
どを反映している。

　小岩岳集落の屋根型の構成は他集落と異な
り，1965年の時点で寄棟型が約半分を占め
ていた（図14-3-c）。このことは，農家家屋の

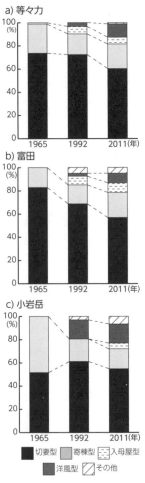

図14-3　安曇野市穂高地区の3つの
　　　　集落における家屋の屋根型
　　　　の変遷
　　　　（現地調査により作成）

建替えが進行しておらず，草ぶき屋根の家屋が多く残存していたことを反映して
いた。しかし，1992年になると農家家屋の更新が進み，建替えの際の経済的な
理由から伝統的な屋根型の切妻型が選択されたため，切妻型の割合が51.7％か
ら61.2％に増加した。また，1970年代から別荘地開発が行われるようになり，
1992年の洋風型の割合は高くなった。1965年から1992年にかけての小岩岳集

落の屋根型からみる集落景観の変化は，切妻型の増加と別荘地における洋風型の出現で特徴づけられる。2011年になると，入母屋型やその他の屋根型が増加し，屋根型の混在化の様相を呈するようになった。このような屋根型の混在化は，別荘地とその周辺で洋風型の住居が観光の進展とともに増加したことを反映していた。

3. 安曇野市穂高地区における景観の下部構造

　地域の景観を総合的，構造的に把握をするためには，目にみえる景観の上部構造だけではなく，その基盤となる地域の諸環境も下部構造として捉えなければならない。まず，各集落における人口動態をみると(図14-4)，等々力集落では増減はあるが，約1,200の人口が維持されている。等々力集落は，入母屋型の家屋が比較的多いことが示しているように，ワサビ栽培やマス養殖によって経営の安定した農家が多く，第2世代の人口流出が抑えられている。また，住宅地開発にともなう人口流入も等々力集落の人口維持の要因になっている。一方，富田集落では1980年代以降，住宅開発の進展により，人口の増加傾向は強まり，集落の住民属性が大きく変化するようになった。このことは，ルーラルツーリズムの資源としての農村らしさの喪失にもつながった。また，小岩岳集落でも1980年代前半から人口が増加するようになったが，それは別荘地での定住者の増加を反映したものであった。3つの集落を比較すると，等々力地区では農村の人口が生業としての農業とともに維持されており，それに

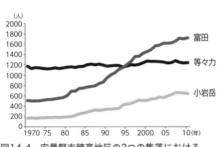

図14-4　安曇野市穂高地区の3つの集落における
　　　　人口の推移(住民基本台帳により作成)

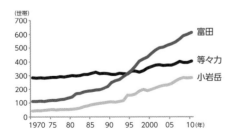

図14-5　安曇野市穂高地区の3つの集落における
　　　　世帯数の推移(住民基本台帳により作成)

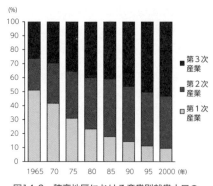

図14-6 穂高地区における産業別就業人口の
割合（1965-2000）
（国勢調査により作成）

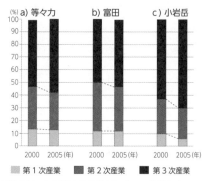

図14-7 安曇野市穂高地区の3つの集落にお
ける産業就業別人口の変化
（国勢調査により作成）

ともなって農村らしい景観も維持され，社会経済環境と景観の維持との組み合わ
せがルーラルツーリズムの発展の可能性を高めることになった。

　次に，それぞれの集落の世帯数の変化をみると，世帯数は3集落とも2000年
代に入ると増加の傾向を強めている（図14-5）。このことは，各集落において大
家族世帯が減少し，核家族世帯が増加していることを示している。このような世
帯数の増加は核家族世帯向けの住宅地開発や，農村での生活を求める中高年層の
夫婦のみ世帯の流入によるものである。世帯の核家族化はジェントリフィケーシ
ョンによる地域への影響の1つとして捉えることができる。

　さらに，社会経済環境の要素として産業別就業人口をみると，1965年から
2000年にかけての穂高地区の産業別就業人口の推移は，農業を中心とする第1
次産業の割合が継続的に減少し，第2次産業と第3次産業の割合が増大している
ことがわかる（図14-6）。これは，穂高地区の産業が高次化し，農業の衰退，製
造業や観光産業が発展したことを示している。とりわけ，2000年から2005年に
かけての各集落の産業別就業人口の変化をみると，各集落とも全体的に第3次産
業の割合が高まる傾向にある（図14-7）。このような第3次産業の発展は，第1
次産業が中心であった地域の就業構造を大きく変えるとともに，ツーリズム産業
やルーラルツーリズムが地域に根づいてきていることも示している。

　一般に，ジェントリフィケーションが発生すると，家屋自体の改修や不動産需
要の増加などにより地価や不動産価値が上昇する（Smith, 1979; Clark, 1988;
O'Sullivan, 2002）。図14-8に，穂高地区における2地点（いずれの用途も住宅

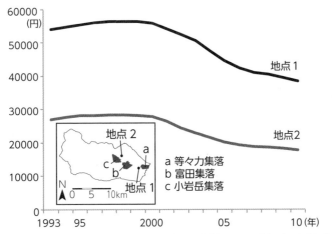

図14-8 安曇野市穂高地区の2地点における地価の推移（長野県公示地価データより作成）

地）の地価のグラフを示した。これによれば、どちらの地点も1990年代前半は上昇傾向にあるが、1990年代後半に下落し始めて2010年現在も下落傾向にある。そのような地価の下落が、デベロッパーに大規模な住宅地開発を促すこととなり、農村景観にそぐわない現代的な住宅の建設につながった。つまり、地価の下落は農村らしい景観を喪失させ、ルーラルツーリズムの成立発展を抑制するものとなっている。

4. 安曇野市穂高地区のルーラル・ジェントリフィケーションの遷移モデル ―むすびにかえて―

　安曇野市穂高地区のルーラル・ジェントリフィケーションの遷移にともなうルーラルツーリズムのポテンシャルの様相を地域構造図としてまとめたものが図14-9である。それによると、1965年以前は、3つの集落それぞれが伝統的な集落景観をもつ農村であった。ところが、高度経済成長期になり、米の減反政策が・行われるようになると、集落の性格が大きく分かれるようになった。水稲作中心であった富田地区においては、この減反政策という外的要因とともに、圃場整備が景観の劣化を促進させる内的要因となった。つまり、圃場整備によって農地が宅地化するのに適した形状となり、そのことに加えて減反政策による農家の

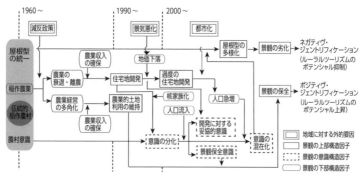

図14-9　安曇野市穂高地区におけるルーラルジェントリフィケーションの遷移モデル

経営悪化が，住宅地開発を早い時期から進展させた。そのような住宅地開発が屋根型の混在化を招き，集落景観の統一性を失わせた。そして，それらの住宅地に第3次産業従事者が多く流入してきたことにより，農村の社会構造が大きく変化した。その結果，ジェントリフィケーションが進展したが，それは農村らしい景観を劣化させるものであったため，ネガティヴなジェントリフィケーションといえるものであった。

　一方，等々力集落ではワサビ栽培やマス養殖も盛んであり，それらと水稲作との組み合わせにより減反政策のリスクが分散された。同様に，小岩岳集落でも水稲作と畑作の組み合わせにより，減反政策のリスクが比較的少なかった。このように，減反政策のリスクが少なかったことは，農家に経済的な余裕を生み出し，老朽化した住居から地域伝統の切妻型の住宅への建て替えを促した。結果的には，等々力集落と小岩岳集落では集落景観の統一化が図られ，より均整のとれた農村景観がつくられた。集落景観の統一化は，農村景観の美化につながり，農村へ憧れを抱く人々の流入を招くこととなった。つまり，景観の統一化はポジティヴなジェントリフィケーションを発生させ，ルーラルツーリズムのポテンシャルを高めた。このようなポジティヴなジェントリフィケーションは，農村景観の保全にも大きな役割を果たし，ルーラルツーリズムの持続性も担保してきた。

　1990年代以降になると，等々力集落と小岩岳集落でも景観に対するポジティヴなジェントリフィケーションが弱体化するようになった。その背景には，バブル景気の崩壊にともなう不景気と，長野オリンピック終了後の経済需要の落ち込みがあった。そのような経済的な低迷は地価の下落を引き起こし，結果として住

宅地開発を進展させた。このような住宅地開発は農村における過度の人口流入と新しいタイプの住宅の建設をもたらし，農村景観を劣化させる方向でジェントリフィケーションが働くようになった。しかし，ポジティヴなジェントリフィケーションの影響が依然として維持されているため，農村景観や農村らしさの喪失は抑制されている。

穂高地区でみてきたように，上部構造としての景観の美化は都市住民にとっての農村の魅力であり，ルーラルツーリズムの主要な資源でもある。農村らしい美しい景観は新たな都市住民の流入が生じ，農村における下部構造も変化するようになる。ポジティヴなルーラル・ジェントリフィケーションのプロセスは，農村らしさの保全や再創出にも大きく関わり，ルーラルツーリズムのポテンシャルを高め，農村の持続性や活性化に寄与している。しかし，過度の下部構造の変化は，住民意識の多様化につながり，家屋景観の混在化が上部構造のネガティヴな変化として生じる。このようなネガティヴなジェントリフィケーションは景観を劣化させるだけでなく，農村らしさやルーラルツーリズムのポテンシャルを低下させ，農村の維持にも影響を与えている。

◎参考文献
上野健一・井田仁康(1984)：穂高町における観光化の進展とその特徴．地域調査報告 6：149-159.
穂高町誌編纂委員会(1991a)：『穂高町誌第二巻』穂高町誌刊行会.
穂高町誌編纂委員会(1991b)：『穂高町誌第三巻』穂高町誌刊行会.
Clark, E.(1988)：The rent gap and transformation of the built environment:Case studies in Malmö, 1860-1985.Geografiska Annaler. Series B, Human Geography 70(2):241-254.
Lees, L., Slater, T., and Wyly, E.(2008)：Gentrification. Routledge.
O'Sullivan, D.(2002)：Toward micro-scale spatial modeling of gentrification. Journal of Geographical Systems 4:251-274.
Phillips, M.(1993)：Rural gentrification and the processes of class colonisation.Journal of Rural Studies 9:123-140.
Smith, N.(1979)：Toward a theory of gentrification:A back to the city movement by capital, not people.Journal of the American Planning Association 45(4)：538-548.
Woods, M.(2005)：*Rural Geography*.SAGE Publications.

(飯塚　遼)

第15章 トトロの森の里山保全と自然ツーリズムからみる東京近郊

1. 東京近郊の狭山丘陵における土地利用変化

　東京都心から約30km，東京北西部郊外の狭山丘陵地域にトトロの森がある。狭山丘陵は東京都と埼玉県にまたがり，東京都の４つの自治体(東村山市，東大和市，武蔵村山市，瑞穂町)と埼玉県の２つの自治体(所沢市，入間市)を含んでいる。図15-1のaは，狭山丘陵における自治体別の1950年から2000年までの農地面積の変化を示している。これによれば，1960年代以後，それぞれの自治体の農地面積は主に都市化の影響により減少したことがわかる。特に，東京都心への交通アクセスが良く，住宅地として土地利用変化が進展した所沢市において，その減少は顕著である。しかし，1980年代以降，一部の農地は生産緑地として保全されるようになり，農地面積の減少は抑制されている。生産緑地は農地を農地として30年間利用し維持することにより，土地課税や相続税の減免が受けられる制度であり，都市域の農地保全にある程度貢献してきた。

　一方，図15-1のbは自治体別の森林面積の変化を示している。これによれば，それぞれの自治体の森林面積は1960年から1975年にかけて，宅地化と林業の衰退により大幅に減少したことがわかる。1980年以降，多くの自治体では水源涵

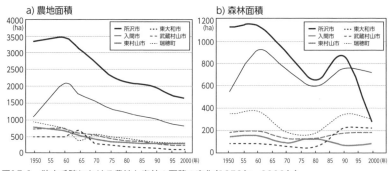

図15-1　狭山丘陵における農地と森林の面積の変化(1950年～2000年)
　　　　(農業センサスより作成)

養林や防風林・防暑林，あるいは自然災害の防御や居住環境のアメニティ向上のために，森林維持の機運は盛り上がり，その面積の減少は抑制される傾向にある。しかし，狭山丘陵では宅地化やレジャー施設の立地が森林の土地利用と著しく競合するようになり，森林の保全や維持が地域計画や土地利用ゾーニングの重要な課題となっている。狭山丘陵における森林の保全と維持の大きな障害は，森林が農地と異なって生産緑地などのような優遇課税制度を受けられないことである。そのため，地権者は相続を契機にして，相続税の支払いのために森林を売却し，そのことが森林面積の減少につながっている。このような森林面積の減少を抑制する方法として，森林を都市住民のための余暇・レクリエーションや自然ツーリズムの里山空間にすることが重要になっている。

2. 狭山丘陵の原風景と土地利用

　狭山丘陵で最も高い標高は194mであるが，いくつもの尾根と谷が東西に走るなど，丘陵の地形は複雑になっている。丘陵の植生はコナラやクヌギなどの落葉広葉樹林を中心にして構成され，これらの樹種から構成される森は薪や堆肥の生産を通じて人間生活と深く結びついていた。また，落葉広葉樹林の森は豊かな林床植物を育くみ，多くの動物や昆虫の棲息を支えてきた。実際，関東地方とその周辺に棲息する動植物の3分の2以上が狭山丘陵でみられる。豊かな自然に恵まれた狭山丘陵は，石器時代から多くの人々の生活の舞台になっていた。現在確認されているだけでも，狭山丘陵には235か所の遺跡がある。このような遺跡は，人々の生活が湧水の存在や落葉広葉樹林の木の実などの自然の食物の豊かさに支えられていたことを物語っている。

　狭山丘陵に大きな影響を及ぼした出来事は，1930年代に東京の水源を確保するため狭山湖(山口貯水池)と多摩湖(村山貯水池)が造られたことであった。これによって，狭山丘陵の主要な谷底は湖に沈み，豊かな自然と人々の生活の場が失われた。さらに第2次世界大戦後になると，東京都心までの鉄道ネットワークが整備され，狭山丘陵が東京都心まで1時間以内の通勤圏に入ると，住宅地化が急速に進み，豊かな自然や「ふるさと」的な農村環境は大きく失われるようになった。このような状況の中で，狭山丘陵の豊かな自然と日本の原風景的農村の環境を舞台とするアニメーション「となりのトトロ」(宮崎駿監督)が公開され，狭山丘陵の

写真15-1　狭山丘陵における伝統的な農村景観
（2004年3月筆者撮影）

豊かな里山を保全する気運が高まった。その結果，狭山丘陵の里山はナショナルトラスト活動により保全されるようになった。

　アニメーション「となりのトトロ」に描かれた風景は，1950年代の緑豊かな狭山丘陵を舞台とし，手入れの行き届いた雑木林の里山とその前面に広がる水田や畑地である。実際，狭山丘陵の景観は里山，神社や寺の鎮守の森，水田・畑地・茶畑の農耕地，および農家を取り囲む屋敷林を１つのセットとして展開し，「どこにでもある日本の農村の伝統的なふるさとの風景」になっていた（写真15-1）。里山の大半を占めるのは落葉広葉樹で，雑木林の落葉は堆肥やサツマイモの苗床に用いられ，林床の手入れを兼ねた「落葉かき」は晩秋から初冬にかけての重要な農作業の１つであった。

　狭山丘陵における1974年の土地利用をみると（図15-2），里山と谷地の水田，および台地の畑地と斜面地の茶畑の伝統的な農村景観は残っているが，鉄道沿線の都市的土地利用の連坦的な拡大やアーバンスプロールによって農村的土地利用の縮小が目立つようになっている。それでも，台地上の畑地や茶畑と，谷地の水田は残され，近郊農業が行われていた。農家は1.0haから1.5ha程度の農地を所有し，米，小麦，大麦，ジャガイモ，野菜，茶を栽培していた。農家は台地や緩斜面地や谷地にそれぞれ２から４程度の区画の農地を所有し，台地では小麦，大麦，ジャガイモが，緩斜地では茶が，谷地で米が栽培された。畑地周辺には森林が広がり，それらは野菜やジャガイモの栽培に使用する堆肥を生産するために重要な役割を担っていた。堆肥生産のためには，畑地面積以上の森林面積を維持することが農家にとっては必要であった。しかし1960年代以降，化学肥料の発達と林業や森林維持のための労働力不足により，森林の農業や林業としての役割はほとんどなくなってしまった。農家は相続を契機に相続税の支払いのために森林

をディベロッパーなどに売却
するようになった。その結果，
森林の縮小は決定づけられ，
「となりのトトロ」の原風景も
失われるようになった。

　狭山丘陵の1994年の土地
利用をみると（図15-3），都
市的土地利用の拡大が1970
年代からさらに進み，森林だ
けでなく農地から宅地への土
地利用変化も目立つようにな
った。これは，都市への近接
性と武蔵野台地の安定した土
地条件によるものであった。
農地の利用では野菜栽培が中
心となり，栽培される野菜も
伝統的に栽培されてきたキャ
ベツや大根，および白菜から，
比較的収益性の高いにんじん
やブロッコリー，カリフラワ
ーなどに変化した。このよう
な野菜栽培は都市農業や近郊

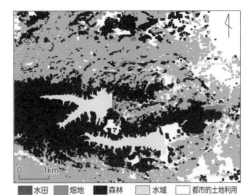

図15-2　狭山丘陵地域における農村的土地利用（1974年）（国土数値情報より作成）

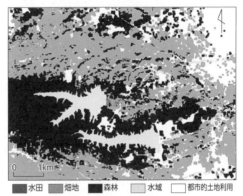

図15-3　狭山丘陵地域における農村的土地利用（1994年）（国土数値情報より作成）

農業の性格を強くしており，農家は多毛作や多品目少量生産で収穫した野菜を直
売所で販売している。一方，茶畑は日当たりの良い南向きの斜面地であるため宅
地に適しており，「狭山茶」を生産する茶畑は減少した。

　農地とは対照的に，森林は宅地開発の可能性があったにもかかわらず，緑地の
孤島として残されている場所が比較的多い。確かに，農家周辺や駅周辺の森林は
都心へのアクセスと安定した土地基盤のために，1970年代から1980年代の宅地
化により急激に減少した。しかし，鉄道駅までのアクセスの悪い場所や急傾斜地
など宅地に適していない場所では森林が残されてきた。このような森林は，
1990年代以降，狭山丘陵の残された原風景として，あるいは都市住民の余暇空

間としての重要な役割を担う場所として注目されるようになった。その結果，森林は農家や都市居住者などによる里山保全活動により維持されるようになった。

3. トトロの森の保全活動

　狭山丘陵では，自然やそこでの農村景観，あるいは文化財を保護する運動が1980年代から始まった。しかし，無秩序な森林の伐採，あるいは森林へのゴミや残土の不法投棄によって，環境や景観の悪化は着実に進んでいった。そのため，狭山丘陵ではナショナルトラスト運動が1990年に開始され，それに基づき里山としての森林の保全が行われるようになった。ナショナルトラストはイギリスで始まった文化財の保護や自然環境の保護運動の１つであり，多くの人々から少しずつ寄付を募り，その寄付を資金に保全・保護すべき自然や文化財を守り，後世に残していくことを目的として土地や施設を買い取る仕組みである。狭山丘陵のナショナルトラストはアニメーション「となりのトトロ」に描かれた原風景を都市化から守って残していく目的で始まり，アニメーションに因んで「トトロのふるさと基金」と名づけられた。

　トトロのふるさと基金は，「となりのトトロ」ファンをはじめ全国の多くの人々から賛同を得て（開始して２年間で約１万1,000人の賛同者），約１億1,000万円の寄付を集めることができた。1991年には基金の一部を使って，財団は相続税の支払いのためにディベロッパーに売却を検討していた農家から森林（1,183㎡）を約6,000万円で買い取り，トトロの森第１号地とした。1996年には，第１号地の近くに第２号地をナショナルトラストの寄付金で購入し，その後も第１号地と第２号地の周辺に第３号地から第６号地までの森林を2003年までに農家から購入した（図15-4）。このような森林の購入はその後も続き，2020年現在，トトロの森は第52号地にまで増えている。トトロの森のナショナルトラストは，１つの森林保全地の実践が人々の共感を呼び，さらなる森林保全のための寄付金を創出し，森林保全のためのナショナルトラスト運動の持続性にもつながった。ナショナルトラストの森林保全は寄付金による土地購入に基づいているため，森林保全地は資金的な制約から分散的で点的な分布になりがちである。しかし，ナショナルトラストによる森林保全は自治体による森林保全の施策にも影響を及ぼし，狭山丘陵の森林の面的な保全にも貢献している。

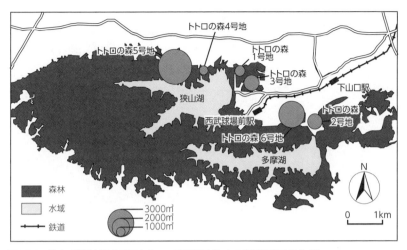

図15-4　狭山丘陵地域におけるトトロの森保護地（トトロ財団資料より作成）

　トトロのふるさと財団の活動はナショナルトラスト運動だけでなく，日常的な雑木林（里山）の維持管理や環境教育の啓蒙，あるいは丘陵における諸環境の調査・研究など多岐にわたっている。トトロの森を歩いてみると，ゴミや不要物の不法投棄がほとんどなく，林床の下草がきれいに刈られ，かつての農村生活を支えた里山の姿がよみがえっている（写真15-2）。森林をかつての農村生活を支えた里山として維持するためには，森林を買い取るだけではなく，日常的な管理が必要になる。日常的な管理は里山の下草刈りや枝打ち，および間伐であり，それ

らの活動を行うことにより林床に太陽光が差し込みやすくなり，灌木やベリー類，あるいはキノコ類や山菜類が繁茂しやすくなり，昆虫や小動物も生息しやすくなる。落葉広葉樹林における日常的な管理は生物多様性を維持するためには必要である。加えて，秋季の落葉採取や定期的な萌芽更新も行わなければならない。このような活動は財団や

写真15-2　トトロの森における落葉採取や林床の清掃などの維持活動
（2004年3月筆者撮影）

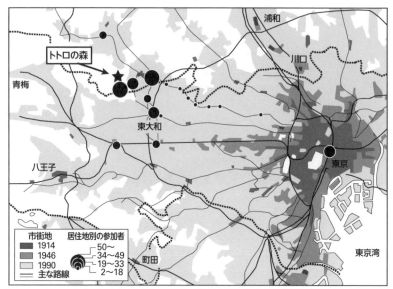

図15-5　トトロの森の里山保全活動に参加した都市住民の最寄り駅(2014年)
　　　　　(現地調査により作成)

都市住民によって行われている。

　トトロの森における下草狩りや落葉採取，あるいは林床の清掃などの里山の保
全活動は，都市住民にとって第1号地から第52号地までのトトロの森をめぐる
散策とともに，人気のある余暇・レクリエーション活動である。トトロの森の里
山保全活動では，夏季の下草刈りや間伐と，秋季の落葉採取が主に行われている。
里山保全活動は地元農家のボランティアの指導により行われており，それは都市
住民と地元農家とのコミュニケーションや相互理解のきっかけにもなっている。
図15-5はトトロの森の保全活動に参加した人々の居住地の最寄り駅の分布を示
している。これによれば，トトロの森の保全活動に参加している都市住民におい
て西武球場や下山口，所沢を最寄り駅としている人々が最も多く，トトロの森周
辺に居住する都市住民が余暇活動やレクリエーション活動の1つとして里山保全
の活動に参加していることがわかる。それら以外の最寄り駅では，入間や萩山や
国分寺が比較的多く，トトロの森周辺の西武鉄道沿線に居住する都市住民が多く
参加している。その他，JR中央線沿線や区部の最寄り駅とする都市住民の参加
者もあり，里山の保全活動が都市近郊だけでなく都市域にも広がっている。

4. トトロの森における自然ツーリズムの発展と新たな地域性の創出

　都市近郊における農村的土地利用と都市的土地利用の競合は，農地や森林の減少をもたらし，居住アメニティを低下させ緑地空間を縮小させるだけでなく，都市住民から余暇空間やレクリエーション空間を奪ってしまっている。しかし1990年代以降，居住環境の重要性が求められ，森林の多機能性が見直されるようになると，身近な森林としての里山の適正な保全や利用が図られるようになった。特に，里山の多様な機能が重視されるようになり，生物多様性や農村の生活文化の伝統性が保全されるようになった。しかし，都市近郊の里山保全の難しさは，森林が相続の発生を契機としてディベロッパーに売却されることであり，森林がディベロッパーに売却されずに済む仕組を構築することが必要である。そのような仕組みの１つがナショナルトラストであり，それは都市近郊の里山保全に有効に機能した。

　狭山丘陵における里山保全活動や里山散策の自然ツーリズムの発展が，都市近郊のアーバニティ（都市らしさ）とルーラリティ（農村らしさ）の関係にどのような影響を及ぼしたのかを模式的に図15-6に示した。都市近郊では都市化の進展とともにアーバニティが拡大し，農村的土地利用や農業生産，農村コミュニティからなるルーラリティは縮小ないし消失してしまう。都市近郊において良質な居住環境を維持するためには，図15-6のような仕組みでアーバニティとルーラリティを共存させる必要がある。つまり，里山保全活動がアーバニティとルーラリティを結びつける繋ぎ手となり，アーバニティとルーラリティを共存させることができる。実際，アーバニティを構成する都市住民はルーラリティの農村の自然環境や土地利用を緑地空間や居住アメニティとして利用するだけでなく，余暇空間やレクリエーション空間とし

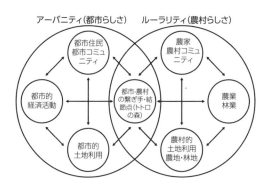

図15-6　狭山丘陵におけるアーバニティとルーラリティの関係の枠組み

写真15-3　狭山丘陵の八国山における
　　　　　里山の散策
　　　　　（2019年12月筆者撮影）

て利用する。都市住民の里山保
全活動への参加は地域コミュニ
ティや農業生産の維持にもつな
がり，結果として都市近郊のル
ーラリティは保全される。

　狭山丘陵は都市的土地利用と
農村的土地利用の著しい競合で特徴づけられるが，トトロの森のような身近な地
域の里山を保全する活動によってアーバニティとルーラリティの共存が図られて
いることでも特徴づけられる。アーバニティとルーラリティが共存することによ
り，利用価値が低下しつつあった里山が余暇空間やレクリエーション空間として
都市住民に再評価されるようになり，里山の保全活動や里山の散策が自然ツーリ
ズムとして発展するようになっている（写真15-3）。このような自然ツーリズム
は良好な都市環境をつくるだけでなく，都市生活に潤いを与えるものとなる。ま
た都市近郊では，労働力不足から里山の管理が不十分であったり，森林が放棄さ
れたりしており，里山や森林の荒廃が社会問題となっている。このような問題を
解決する方法としても，都市住民による里山保全活動は有効である。したがって，
里山の適正な管理と利用は都市近郊に新たな性格を与えるものであり，さらに良
好な居住環境をつくり出す可能性をもっている。

◎参考文献
工藤直子(1992)：『あっ，トトロの森だ！』徳間書店.
トトロのふるさと財団編(1998)：『親子で楽しむ里山あるき　トトロの森の探検ガイド』幹書房.
トトロのふるさと財団編(1999)：『トトロブックレット１　武蔵野をどう保全するか』トトロの
　ふるさと財団.
トトロのふるさと財団編(2003)：『トトロのふるさと　狭山丘陵ぐるっと見て歩き』幹書房.
菊地俊夫・犬井　正編著(2006)：『森を知り森に学ぶ−森と親しむために−』二宮書店.

（菊地俊夫）

終章 観光地誌学を学ぶことでみえる世界

1. 観光地理学と観光地誌学

　観光やツーリズムに関わる地理学の研究は大別すると 2 つの方向性がある。1つは観光やツーリズムを切り口に系統地理学のアプローチを用いて地域を分析するもので，観光地理学と呼ばれる研究領域である。観光地理学は地域における観光やツーリズムそのものを分析し，観光やツーリズムが地域にどのような影響を及ぼし，地域がどのように影響したのか，あるいは観光やツーリズムが地域の発展にどのような役割を担ってきたのかを明らかにしてきた。このような観光地理学の従来の研究成果は多く，地域の発展・振興や活性化における観光やツーリズムの役割を時間的，空間的に明らかにしてきた（菊地，2018）。しかし，地域にとって何が観光やツーリズムの資源として機能するのか，あるいは地域が観光やツーリズムを用いて発展できる能力をもっているかどうかなどの地域の本質的な疑問に観光地理学が答えることは容易ではなかった。それは，観光地理学が観光やツーリズムといったテーマを掘り下げることを得意としているためであった。

　観光やツーリズムに関わる地理学のもう 1 つの方向性が本書で学んできた観光地誌学の研究領域である。観光地誌学は地域地理学や地誌学のアプローチに基づき，観光やツーリズムを核としてそれらに関連する自然環境や歴史・文化環境，社会・経済環境などの地域環境を関連性に着目しながら記載していくことが重要な方法となっている。つまり，観光地誌学の主要な目的は，観光やツーリズムを介して地域の様相を描き記録することにある。そのため，観光地誌学の研究成果の多くは，観光やツーリズムに関連した地域資源の発見や再発見であり，見直しでもある。地域資源は自然環境や歴史・文化環境，あるいは社会・経済環境など多岐にわたり，それらから有用な地域資源を見出す作業が観光地誌学で地域を描くことと同調するものとして考えられる。おそらく，1 つの地域資源が観光やツーリズムのキラーコンテンツとなる場合は稀であり，多くの場合は観光やツーリズムにとって取るに足らない地域資源である。しかし，そのような地域資源が組

表 終-1　観光地理学と観光地誌学の比較

	研究対象	地域の 見方・考え方	方法	研究のアウトプット
観光地理学	テーマ	地域に存在するテーマを深くみるスペシャリスト的単眼的	分析的 演繹的	地域の変化 地域への影響 地域の発展・振興・活性化の要因
観光地誌学	地域	テーマの存在する地域を広くみるジェネラリスト的複眼的	記載的 帰納的	地域資源の見直しと活用 地域資源の組み合わせ 地域資源の存在形態・役割・機能

み合わされることにより，強力な観光資源のまとまりに変身することも少なくない。観光やツーリズムに有効な地域資源の組み合わせを考え描くことも観光地誌学の研究の成果の1つになる。

　観光地理学と観光地誌学を比較してまとめたものを表 終-1に示した。それによれば，観光地理学と観光地誌学は同じ地理学の分野であるにもかかわらず対象や方法，および地域の見方・考え方や研究内容が異なることがわかる。研究対象は系統地理学と地域地理学の違いを反映して，観光地理学は「テーマ」であり，観光地誌学は「地域」である。観光地理学が取り上げるテーマはルーラルツーリズムやアーバンツーリズム，あるいは自然ツーリズム（エコツーリズムやジオツーリズムなど）や文化ツーリズムであり，特定の地域に存在するそれらのテーマを「深く」みることが主要な姿勢である。そのため，観光地理学の方法は分析的であり，演繹的である。そのような方法によって分析することは単眼的であるが，専門的であり，スペシャリスト的な見方・考え方を引き出すことに適している。

　他方，観光地誌学が取り上げるのは地域であり，観光地誌学ではどのようなスケールで地域を取り上げるのかが重要になる。例えば，州大陸規模のマクロスケール（グローバルスケール）で取り上げるのか，国や地方（関東地方やプロヴァンス地方）などのメソスケールで取り上げるのか，あるいは県や市町村などのミクロスケールで取り上げるのかによって，観光地誌学の記載の仕方は異なるかもしれない。しかし，観光地誌学の対象となる地域スケールが変わったとしても，その方法が地域を「広く」みることに変わらない。つまり，観光地誌学の地域の見方は複眼的であり，ジェネラリスト的である。そのため，観光地誌学の基本的な方法は記載的であり，帰納的なものになっている。

　観光地理学と観光地誌学の違いは，それぞれの研究の課題や内容をアウトプッ

トから比較することで、より明確なものとなる。表 終-1によれば、観光地理学の主要なアウトプットは観光の導入・発展にともなう、地域変容のプロセスやメカニズムの解明であり、観光の地域への影響を明らかにすることでもある。それに対して、観光地誌学は地域の環境資源(自然や歴史・文化、生活や産業などの資源)がどのように活用されて観光やツーリズムと結びつくのかをテーマとしており、そこには地域資源の見直しや新たな発見も含まれる。そして、地域の環境資源をどのように組み合わせたら、観光やツーリズムが発展するか考えることも観光地誌学の主要なテーマである。

　例えば、ルーラルツーリズムから群馬県川場村の性格を観光地誌学の方法で描くと、川場村には地域資源としての自然(森林、温泉、山岳、景観など)や社会経済(農林業、スキー場、高齢者の知恵や技など)、および歴史・文化(昔話や昔遊び、郷土食、生活文化など)が多く存在するが、それらは1つ1つでは強力な観光資源にならない。川場村では多種多様な地域資源を有機的に複数組み合わせることで強力な観光資源が構築されており、それが地域の特徴となっている。また、図終-1に模式図的にまとめたように、川場村では個々の利用主体それぞれが1つ1つの地域資源と結びついているというよりも(モノチャンネル型)、複数の地域資源と結びついている(マルチチャンネル型)。このような主体と地域資源の結びつきは、1つの地域資源が機能しなくなったとしても、他の地域資源が補完的に機能するという仕組みとなり、内発的で持続的なルーラルツーリズムを生み出すことになる。さらに、地域資源が有機的に結びつくだけでなく、ルーラルツーリズムに関わる主体(農家、高齢者、若者、行政、農産加工組合、観光者など)も相互に関連し合うことにより、ルーラルツーリズムの持続性はさらに強いものとなっ

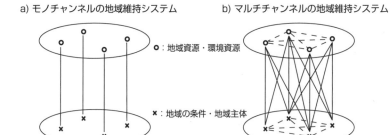

a) モノチャンネルの地域維持システム　　　b) マルチチャンネルの地域維持システム

○：地域資源・環境資源

×：地域の条件・地域主体

図 終-1　地域資源・環境資源の利用とそれに基づく地域維持のモデル的状況

ている。このようなルーラルツーリズムの持続性の強化は農村資源や地域資源の共有化と共同利用化に反映されている。具体的には，森林オーナー制度やレンタアップル制度，および棚田オーナー制度は都市住民のオーナーによって農村の景観や生産活動，および生活文化を守ろうとするもので，都市住民と地元農家が農村資源を共有化・共同利用化した典型である。

　以上に述べたように，観光地誌学は観光やツーリズムを介して地域資源を有機的，総合的に描くことになり，それは地域資源の見直しや新たな発見，および地域資源の組み合わせによる効果を見出すヒントを与えることになる。

2. 観光地誌学の展開と一般化

　一般的には観光を大別すると2つの形態がある。1つは発地型観光であり，もう1つは着地型観光である。発地型観光はパック旅行で代表されるように，出発地において料金がすべて支払われ，最初に観光エージェントのコーディネーターが決めたコースを順番に回遊するもので，観光地に落ちる金銭は少ないし，地域の主体がコースに関わる余地はほとんどない。他方，着地型観光は観光者が目的地に着いてから，訪問先やコースを決定するもので，地元住民などの主体が地域を楽しんでもらう工夫や金銭を地域に落としてもらう工夫をしなければならない。したがって，着地型観光を発展させるためには，あるいは地域資源に基づく観光をつくるためには地域を学び，地域資源を掘り起こし，その保全と適正利用を考えなければならない。地域や地域資源に関する調査や研究の方法として観光地誌学の方法や見方・考え方は有効であり，それらは地域に適応した観光を成立・発展させる近道の1つである。当然のことながら，観光の醍醐味は地域資源を掘り起こし，それらの地域資源をどのように保全しながら活用するのか，そしてそれらをいかにして自然や生活文化や社会・経済と関連づけて持続的な地域振興に結びつけるのかである。地域資源を活用するだけでなく，地域振興に結びつけるためには，地域資源の適正な保全と活用を知り，地域資源に基づく着地型観光の可能性を高める担い手づくりが重要になる。そのような担い手づくりにも地域を総合的に理解することができる観光地誌学の見方・考え方が役に立つ。

　観光地誌学の大きなセールスポイントは地域資源の有機的，体系的な組み合わせを明らかにできる点である。しかし，このセールスポイントは強みと弱みを兼

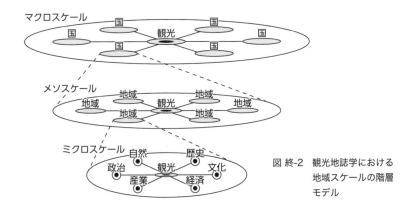

図 終-2　観光地誌学における地域スケールの階層モデル

ね備えたもろ刃の剣でもある。地域資源の組み合わせを明らかにすることは伝統的な地誌学の欠点でもあった記載的な方法を改善するもので，分析的で科学的な見方・考え方をもつものとなっている。それは，動態地誌の利点を生かしたものでもあったが，地誌学の宿命的な課題として一般化の問題は残されたままであった。つまり，観光地誌学もどのように地域を描こうと，それは当該地域の話であり，1つの地域事例の話で終わってしまう。本書も観光地誌学の地域事例の話で終わってしまっている。しかし，系統地理学で行われているように，明らかになった現象や事象の一般化が地誌学でも求められる。特に，動態地誌や観光地誌学は特定のテーマを切り口にして地域の性格を明らかにするため，明らかになった事象や現象の一般化が必要になる。

　観光地誌学の知見を一般化するフレームワークとして，本書は地域スケールの階層性を考慮した図 終-2のモデルを提案する。地誌学の見方・考え方の大きな特徴は対象とする空間スケールが変えられることである。つまり，空間スケールは県・市町村レベルや集落レベルのミクロスケールから地方や国レベルのメソスケール，そして州や大陸規模のマクロスケールまで変化し，それぞれのレベルに応じて地域が描かれる。このような空間スケールの階層性を援用して，観光地誌学の一般化を試みたものが図 終-2のモデルである。それによれば，ミクロスケールの観光地誌学では，地域のさまざまな地域資源が観光を中心に有機的に組み合わされて，1つのまとまりあるシステムが構築される。市町村レベルのさまざまな観光地誌学のシステムが地方や国レベルのスケールのなかで分布し，それらの市町村レベルのシステムも地方や国レベルのスケールのなかで観光を中心にし

て1つの観光地誌学のシステムを有機的に構築していく。同様に，地方や国レベルの観光地誌学のシステムは州や大陸レベルのスケールのなかで観光を中心として1つのシステムにまとめられていく。このようにして，観光を中心とした階層的な空間システムが明らかになる。

　実際，オーストラリアの観光地をオーストラリア人と外国人観光者の訪問の多い場所を上位20位で比較すると(図 終-3)，オーストラリア人観光の訪問地は大陸東南海岸に集中しており，またハンターヴァレーやグレートオーシャンロードなどの主要都市に近接した観光地も多く利用されていることがわかる。それに対して，外国人観光者の訪問地は主要都市とともに，ウルルやカカドゥ，グレートバリアリーフなどの自然資源を主体とする国立公園に集中している。このようなオーストラリア人と外国人観光者の訪問地の違いは，それぞれの観光資源に対する嗜好性の違いが反映された結果といえる。オーストラリア人の嗜好性は都市やその近郊の身近な余暇・レクリエーション空間や国立公園に向けられる傾向があり，そのような観光資源を組み合わせた場所が観光地として人気がある。一方，外国人観光者の嗜好性はオーストラリアのヨーロッパ的な都市景観と豊かな自然資源に向けられ，そのような組み合わせの場所が観光地になっている。つまり，それぞれの場所に応じた環境資源の組み合わせによって，さまざまなタイプの観光地がつくられている。そして，多種多様な観光地は人々の嗜好性や好みによりオーストラリア国内に分布している。これらの観光地はそれぞれの特徴を生かしながら，さまざまな観光者のニーズにこたえるように補完し合い連携し合うようなシステムを構築している。このことは観光地誌学を空間的な階層システムに基づいて一般化する1つの証左になる。

図 終-3　オーストラリアにおける国内観光者と外国人観光者の人気観光地
　　　　トップ20(2007年)(Australian Bureau of Statisticsより作成)

3. 観光地誌学の社会への貢献

　観光地誌学を学ぶことで，身近な地域の生活や文化，あるいは世界の異なる生活や文化を総合的に理解できるようになる。そして，総合的に地域や世界の様相を理解することは，さまざまな視点に立った見方や考え方を身につけることにもなる。このように，地域や世界をさまざまな視点からみたり考えたりすることは，複雑化した現代社会において，地域や世界のさまざまな課題を解決するための方法を見出すことに役立つ。現代社会においては，「Sustainable Development Goals(持続可能な開発目標：SDGs)」として国際社会共通の目標が17項目ある。それら1つ1つの目標に関する課題の発見と解決に観光地誌学の見方・考え方は間違いなく役立つ。特に，以下の5つのことに貢献しうる。

　1）現代世界における他地域の様相や性格を正しく認識し理解すること。

　2）地域や社会における資源の偏りや価値観の差異を理解し，公平な地域や社会をつくること。

　3）他地域や世界の人々と仲良くつき合いより良い交流を強めること。

　4）他地域や世界の様相を知ることで自分たちの生きる力を得ること。

　5）地域資源や生活文化を保全し適正利用しながら，身近な地域の良いところを後世に伝えるとともに，世界に発信すること。

　さらに，本書で観光地誌学を学んだ皆さんは，自分の足で地域を歩き，自分の目で地域をみて，自分の耳で地域の人々の声を聞いて，観光やツーリズムを介して地域を描き，地域の性格を見出すことができるようになっているはずである。したがって，故郷や身近な場所など自分の愛着がある地域の性格を観光やツーリズムを介して明らかにできるであろう。

◎参考文献
菊地俊夫編著(2008)：『観光を学ぶ−楽しむことからはじまる観光学−』二宮書店.
菊地俊夫(2015)：世界地誌学習における比較地誌学習の提案−東南アジアとオセアニアの世界地誌を例として．新地理63：69-75.
菊地俊夫編著(2018)：『ツーリズムの地理学』二宮書店.

（飯塚　遼・菊地俊夫）

おわりに

　以前，ある地理学の先生が自身の学問に対する探究心の根源はどこにあるのかと問われているところに居合わせたことがある。その答えは，自分が知らない町の駅に降り立った時に感じる違和感のような空気であるというものだった。その空気というものは，自身が目にしている景観やそのなかで行き交う人々が話す言葉，暮らし，営みなどから醸成され，そのような空気が醸成される要因を探るところに地理学の面白さがあるというのである。そのとき学部生だった私は，単に地理が好きだというだけで意識して地理学を専攻したわけではなかったのであるが，自分も同様の経験があるなと勝手に納得して私自身の地理学を研究する理由にさせてもらおうと考えたのであった。今思えば，そのような空気を感じて地域をつぶさに把握するということが系統地理学というよりは，地誌学の求めるところだったのだと改めて実感している。その先生も私も地理学を研究しているといえども，やはり地誌が好きなのである。

　さて，本書では観光という現象を通じてそのような空気を描き出し，その要因を探ることを心掛けてきた。そこから浮き彫りになったことは，グローバル化によって観光という人々の行為が活発化する一方で，観光によって地域の多様性が保持されうるということであった。その多様性といったものはまた，メソスケールからミクロスケールまで階層性をもって存在しており，それらの多様性を理解し，楽しむことが地域をみる持続可能な観光となるのである。いうなれば，世界は広い，観光地誌学の研究対象はまだまだ無数に存在しているということである。そのため，残念ながら，本書では世界の観光地誌のほんの一端を紹介できた

に過ぎない。今後も観光地誌学の研究を通じて，世界の埋められていないピースを１つ１つ埋めるように地域を描き出していくことが筆者らの責務であると考えている。

　この文章を書いている今，新型コロナウィルスが世界で猛威をふるい，学術界においては海外でのフィールドワークは困難になり，観光業も苦境に陥る状況が１年以上も続いている。そのような折に本書を出版することには，なかなか複雑な思いであるものの，本書によって少しでも真の意味での観光を味わってもらうことができれば幸いである。一日も早くコロナ禍が収束し，臆することなく海外でのフィールドワークや観光ができる日がくることを切に願う。

　最後に本書の作成に携わっていただいた方たちを記しておきたい。本書の刊行を引き受けていただいた二宮書店の大越俊也社長に感謝申し上げる。また，編集部の矢野次郎さんと冨田厚志さんには草稿の段階から大変お世話になった。遅筆な筆者を励ましながらも辛抱強く編集作業を進めていただいた。そのご苦労は慮るばかりである。編集部の導き手なしでは本書は誕生しなかっただろう。深謝の意を表したい。

　2021年2月

　　　　　　　　　　　春待ちの富士を望む多摩の丘にて　　　飯塚　遼

飯塚　遼（いいづか　りょう）

帝京大学経済学部観光経営学科講師。
博士(観光科学)。首都大学東京大学院都市環境科学研究科修了後,秀明大学観光ビジネス学部助教,同講師を経て,現職。専門は農村地理学,観光地理学,地誌学(主に北西ヨーロッパ)。主著に『シリーズ:地誌トピックス2 ローカリゼーション―地域へのこだわり―』(分担執筆,朝倉書店),マイケル・ウッズ『ルーラル:農村とは何か』(共訳,農林統計出版会)など。

菊地 俊夫（きくち　としお）

東京都立大学大学院都市環境科学研究科 観光科学域教授。
理学博士。筑波大学大学院地球科学研究科修了後,群馬大学教育学部助教授,東京都立大学理学部助教授を経て,現職。専門は農業・農村地理学,観光地理学,自然ツーリズム学。主な著書・編書は,『フードツーリズムのすすめ』(フレグランスジャーナル社),『持続的農村システムの地域的条件』(共著,農林統計協会),『ツーリズムの地理学』(二宮書店)など多数。

表紙・本文デザイン　開成堂印刷株式会社

かんこう　ち　し　がく
観光地誌学
観光から地域を読み解く

2021年3月25日　第1版第1刷 発行

著　者　　飯塚　遼・菊地俊夫
発行者　　大越 俊也
発行所　　株式会社 二宮書店
　　　　　〒101-0047　東京都千代田区内神田1-12-6
　　　　　大森内神田ビル2階
　　　　　Tel. 03-5244-5850
　　　　　Fax. 03-5244-5963
　　　　　振替 00150-2-110251
印刷・製本　　開成堂印刷株式会社

©2021　Printed in Japan
ISBN 978-4-8176-0462-0　C1025

https://www.ninomiyashoten.co.jp/